Impressum
Verlag: BABADADA GmbH, Nedderfeld 112 , 22529 Hamburg
Geschäftsführer / Verlagsleitung: Harald Hof
Druck: Books on Demand GmbH, In de Tarpen 42, 22848 Norderstedt

Imprint
Publisher: BABADADA GmbH, Nedderfeld 112 , 22529 Hamburg, Germany
Managing Director / Publishing direction: Harald Hof
Print: Books on Demand GmbH, In de Tarpen 42, 22848 Norderstedt

colegio
សាលារៀន

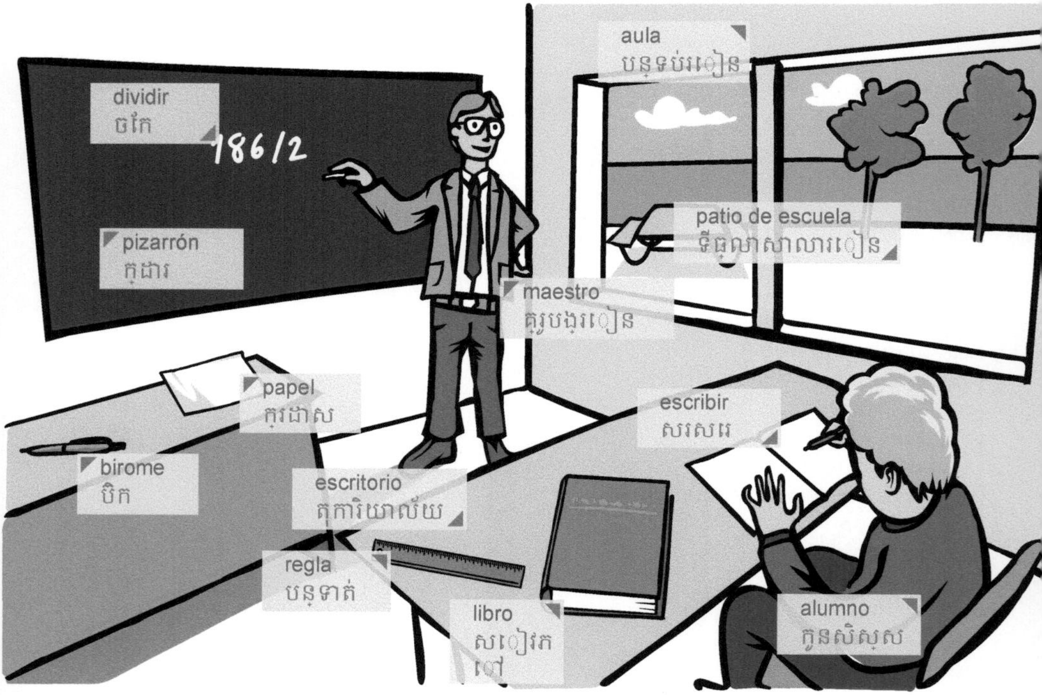
aula
បន្ទប់រៀន
dividir
ចែក
186/2
pizarrón
ក្ដារ
maestro
គ្រូបង្រៀន
patio de escuela
ទីធ្លាសាលារៀន
papel
ក្រដាស
escribir
សរសេរ
birome
ប៊ិក
escritorio
តុការិយាល័យ
regla
បន្ទាត់
libro
សៀវភៅ
alumno
កូនសិស្ស

mochila
សម្ពៀតស្បែក

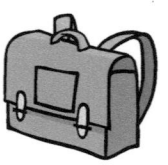

caja de lápices
ប្រអប់ដាក់ខ្មៅដៃ

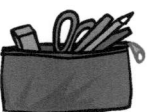

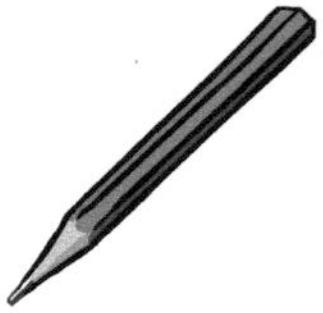

lápiz
ខ្មៅដៃ

sacapuntas
ប្រដាប់ខួងខ្មៅដៃ

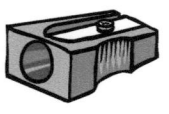

goma (de borrar)
ជ័រលុប

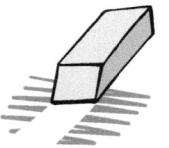

bloc de dibujo
ផ្ទាំងគំនូរ

dibujo
គំនូរ

pincel
ជក់គូរ

caja de pinturas
បុរអប់ថ្នាំលាប

tijera
កន្ត្រៃ

pegamento
ការបិទ

cuaderno de ejercicios
សៀវភៅលំហាត់

tarea
កិច្ចការផ្ទះ

número
លេខ

sumar
បូក

restar
ដក

multiplicar
គុណ

calcular
គណនា

letra
លិខិត

abecedario
អក្ខរក្រម

hello

palabra
ពាក្យ

texto

អត្ថបទ

leer

អាន

tiza

ដីស

lección

មេរៀន

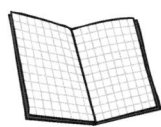

cuaderno de clase

ចុះឈ្មោះ

examen

ការប្រឡង

certificado

វិញ្ញាបនបត្រ

uniforme escolar

ឯកសណ្ឋានសាលា

educación

ការអប់រំ

enciclopedia

សព្វវចនាធិប្បាយ

universidad

សាកលវិទ្យាល័យ

microscopio

មីក្រូទស្សន៍

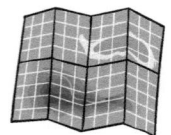

mapa

ផែនទី

tacho (de basura)

កន្ត្រករដាក់សំរាមកូរដាស

hotel
សណ្ឋាគារ

Grand

hostel
សណ្ឋាគារកម្រិត

casa de cambio
ការប្តូរលុយបរទេស

EXCHANGE

valija
វ៉ាលី

auto
រថយន្ត

idioma
ភាសា

sí / no
ហ្នឹង / ទេ

Está bien
យល់ព្រម

hola
សាយ៉ូនុតស្វស្តី!

traductor
អ្នកបកប្រែ

Gracias
សូមអរគុណ

¿cuánto cuesta…?

ថ្លៃប៉ុន្មាន… ?

No entiendo

ខ្ញុំមិនយល់

problema

បញ្ហា

¡Buenas tardes!

ទិវាសួស្ដី!

¡Buenos días!

អរុណសួស្ដី

¡Buenas noches!

រាត្រីសួស្ដី!

adiós

លាហើយ

dirección

ទិសដៅ

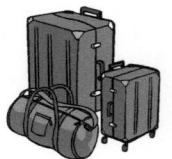

equipaje

អីវ៉ាន់

bolso

កាបូប

mochila

កាបូបស្ពាយក្រោយ

invitado

ភ្ញៀវ

habitación

បន្ទប់

bolsa de dormir

ថង់ដេក

carpa

តង់

información turística

ព័ត៌មានទេសចរណ៍

playa

ឆ្នេរ

tarjeta de crédito

កាតឥណទាន

desayuno

អាហារពេលព្រឹក

almuerzo

អាហារថ្ងៃត្រង់

cena

អាហារពេលល្ងាច

pasaje

សំបុត្រ

ascensor

ជណ្តើរយន្ត

sello

តិក

frontera

ព្រំដែន

aduana

គយ

embajada

ស្ថានទូត

visa

ទិដ្ឋាការ

pasaporte

លិខិតឆ្លងដែន

transporte
ការដឹកជញ្ជូន

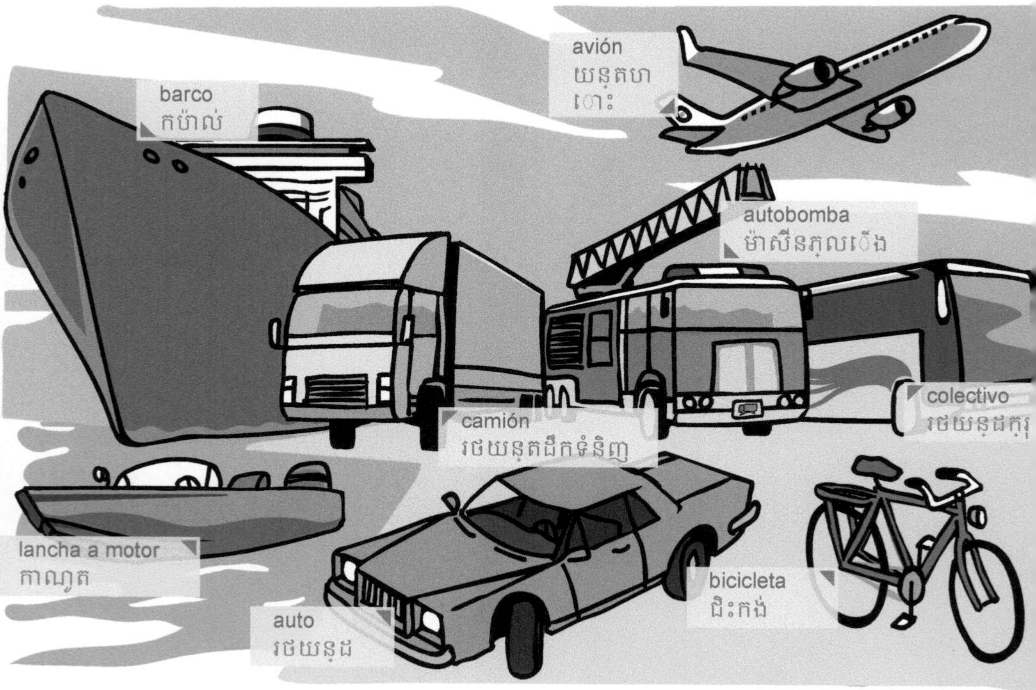

avión
យន្តហោះ
barco
កប៉ាល់
autobomba
ម៉ាស៊ីនភ្លើង
camión
រថយន្តដឹកទំនិញ
colectivo
រថយន្តដឹក
lancha a motor
កាណូត
bicicleta
ជិះកង់
auto
រថយន្ត

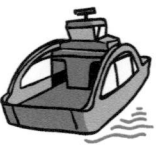

ferry

សាឡាង

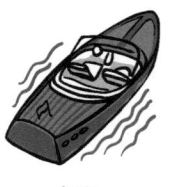

bote

ទូក

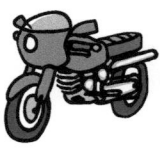

moto

ម៉ូតូ

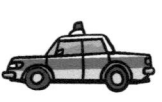

patrullero

រថយន្តប៉ូលិស

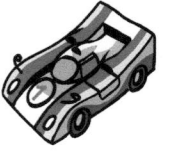

auto de carreras

រថយន្តប្រណាំង

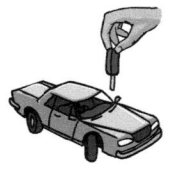

auto de alquiler

រថយន្តជួល

alquiler de autos

ការជែកជួលការរថយន្ត

grúa

ឡានសូទួច

camión de basura

ឡានបុម្មេលសំរាម

motor

ម៉ូតូ

nafta

បុរេងឥន្ធនៈ

estación de servicio

ស្ថានីយបុរេង

señal de tránsito

បុលាកសញ្ញាចារចរណ៍

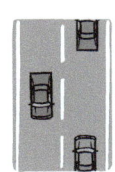

tránsito

ការធ្វរេើចារចរណ៍

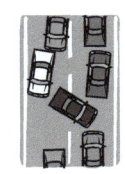

embotellamiento

កកស្ទះចារចរណ៍

estacionamiento

ចំណត

estación de tren

ស្ថានីយរថភ្លើង

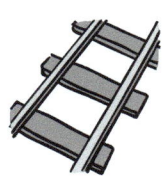

vías

ផ្លូវដេកែ

tren

រថភ្លើង

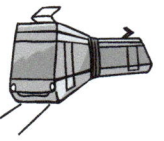

tranvía

រថអគ្គីសនី

vagón

ទូរថភ្លើង

helicóptero

ឧទ្ធម្ភាគចក្រ

aeropuerto

ព្រលានយន្តហោះ

torre

ប៉ម

pasajero

អ្នកដំណើរជិះ

contenedor

កុងតឺន័រ

caja de cartón

ករដាសកាតុង

carretilla

រទេះ

canasta

កញ្ចប់

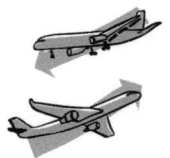

despegar / aterrizar

ហោះឡ្បេងើង / ចុះ

ciudad
ទីក្រុង

pueblo

ភូមិ

centro de ciudad

កណ្ដាលទីក្រុង

casa

ផ្ទះ

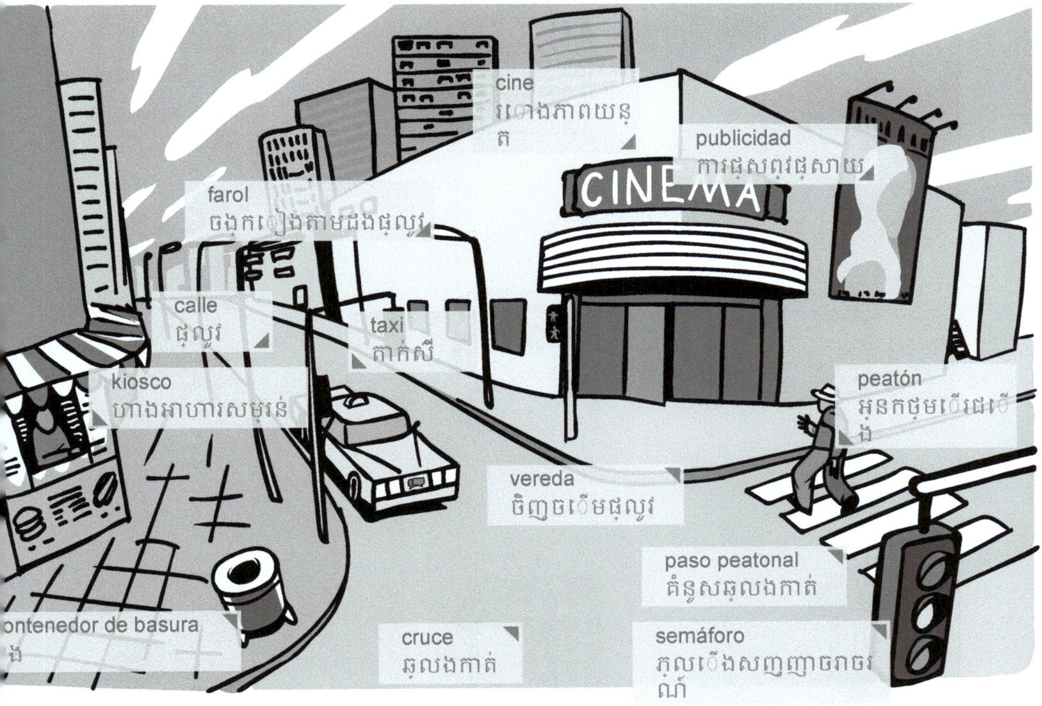

cine
រោងភាពយន្ត
ត

publicidad
ការផ្សព្វផ្សាយ

farol
ចង្កៀងតាមដងផ្លូវ

calle
ផ្លូវ

taxi
តាក់ស៊ី

kiosco
ហាងអាហារសមរ្នែ

peatón
អ្នកថ្មើរើជើងៗ
ង

vereda
ចិញ្ចើមផ្លូវ

paso peatonal
គំនូសឆ្លងកាត់

ontenedor de basura
ង

cruce
ឆ្លងកាត់

semáforo
គុលើងសញ្ញាចរាចរ
ណ៍

cabaña

ខ្ទម

departamento

ផ្ទះលរ្វែង

estación de tren

ស្ថានីយរថក្លើង

municipalidad

សាលាក្រុង

museo

សារមន្ទីរ

colegio

សាលារៀន

universidad

សាកលវិទ្យាល័យ

banco

ធនាគារ

hospital

មន្ទីរពេទ្យ

hotel

សណ្ឋាគារ

farmacia

ឱសថស្ថាន

oficina

ការិយាល័យ

librería

ហាងលក់សៀវភៅ

negocio

ហាង

florería

ហាងផ្កា

supermercado

ផ្សារទំនើប

mercado

ទីផ្សារ

grandes tiendas

ហាងទំនិញ

pescadería

ហាងលក់ត្រី

centro comercial

មជ្ឈមណ្ឌលផ្សារទំនើប

puerto

កំពង់ផែ

parque
ឧទ្យាន

banco
បង្គ

puente
ស្ពាន

escaleras
ជណ្តើរឡើរ

subte
ផ្លូវក្រោមដី

túnel
ផ្លូវរូងក្រោមដី

parada del colectivo
ចំណតរថយន្តក្នុងក្រុង

bar
បារ

restaurante
ភោជនីយដ្ឋាន

buzón
ប្រអប់សំបុត្រ

letrero
សញ្ញាតាមដងផ្លូវ

parquímetro
ឧបករណ៍បូរមួលចូលថៃចំណត

zoológico
សួនសត្វ

pileta
អាងហាលែទឹក

mezquita
វិហារអ៊ីស្លាម

granja

កសិដ្ឋាន

contaminación

ការបំពុល

cementerio

វាលកប់ខ្មោចពេច

iglesia

ពុរវិហារ

juegos infantiles

គ្រឿងរៀបអីលកុមឯេលឯ

templo

បុរសាទ

paisaje
ទេសភាព

![paisaje scene illustration]

hoja
ស្លឹក

poste indicador
សញ្ញាបង្ហាប់ទិសដៅ

camino
ផ្លូវ

pradera
វាលស្មៅ

piedra
ដុំថ្ម

excursionista
អ្នកឡប់ឡើងភ្នំ

árbol
ដើមឈើ

río
ទន្លេ

hierba
ស្មៅ

flor
ផ្កា

valle

ជ្រលងភ្នំ

montaña

កូនភ្នំ

lago

បឹង

bosque

ព្រៃឈើ

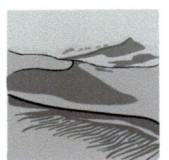

desierto

វាលខ្សាច់

volcán

ភ្នំភ្លើង

castillo

គតោកុប៉ី

arco iris

ផេនធនូ

champiñón

ផ្សិត

palmera

ដើមត្នោត

mosquito

មូស

mosca

រុយ

hormiga

ស្រមោច

abeja

សត្វឃ្មុំ

araña

ពីងពាង

escarabajo

សត្វកញ្ចៃ

rana

កង្កែប

ardilla

កំប្រុក

erizo

សត្វកាំប៉ុរមា

liebre

ទន្សាយស្លឹក

lechuza

សត្វទីទុយ

pájaro

បក្សី

cisne

ហង្ស

jabalí

ជ្រូក

ciervo

សត្វក្តាន់

alce

សត្វក្តាន់

presa

ទំនប់

aerogenerador

កង្ហារខ្យល់

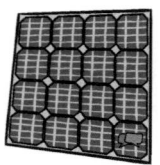

panel solar

បន្ទះស្ងួរ្យា

clima

អាកាសធាតុ

restaurante
ភោជនីយដ្ឋាន

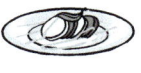

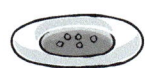

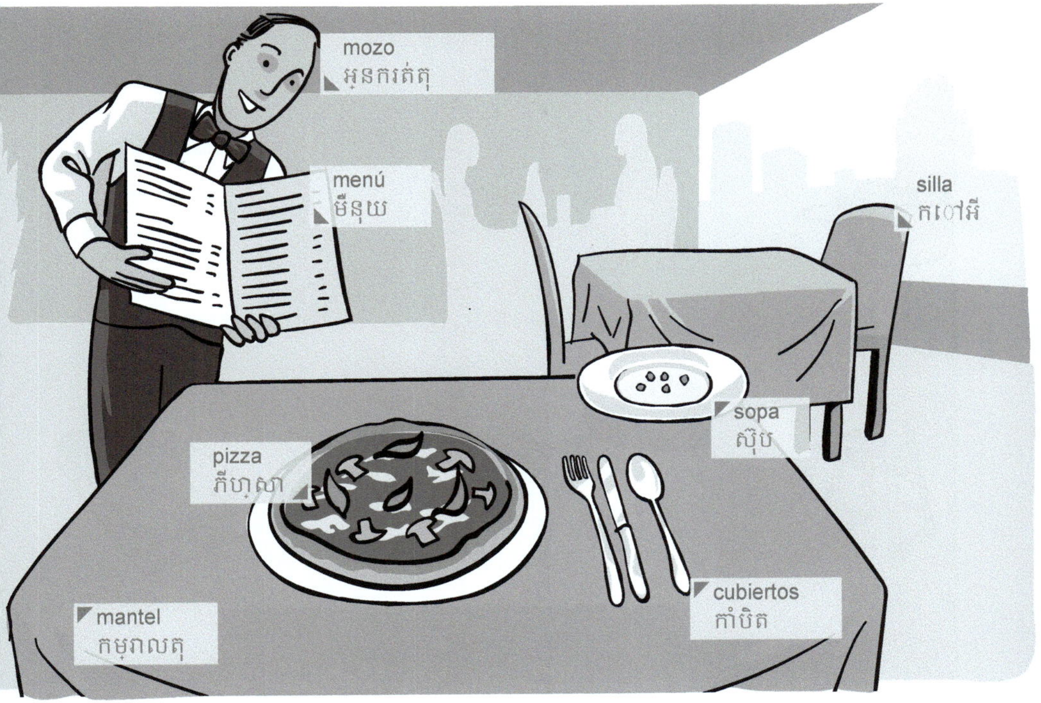
mozo
អ្នករត់តុ
menú
មីនុយ
silla
កៅអី
sopa
ស៊ុប
pizza
ភីហ្សា
cubiertos
កាំបិត
mantel
កម្រាលតុ

entrada
អាហារសម្រន់

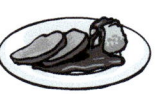

plato principal
អាហារសំខាន់

postre
បង្អែម

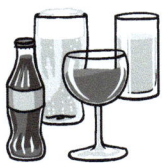

bebidas
ភេសជ្ជៈ

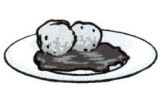

comida
អាហារ

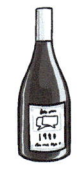

botella
ដប

comida rápida

អាហារបហ័ស

comida callejera

អាហារតាមផ្លូវ

tetera

ប៉ាន់តៃ

azucarera

ឬអេប់ស្ករ

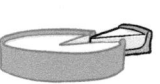

porción

ចំណកៃ

cafetera expreso

ម៉ាស៊ីនតុងកាហ្វេអេិចស្ពរេស្ស

sillita alta

កៅអីខ្ពស់

cuenta

វិក្កយបត្រ

bandeja

ថាស

cuchillo

កាំបិត

tenedor

សម

cuchara

ស្លាបព្រា

cucharita

ស្លាបព្រាកាហ្វេ

servilleta

កន្សែងជូតខ្លួន

vaso

កវ៉

plato
ចានទាប

plato hondo
ចានស៊ុប

plato
ចានមុរនាប់

salsa
ទឹកជ្រលក់

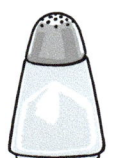

salero
ដបអំបិល

molinillo de pimienta
បុរដាប់កិនម្រេច

vinagre
ទឹកខ្មៈ

aceite
បុរេង

especias
គ្រឿងទេស

kétchup
ទឹកប់ងេប់ោះ

mostaza
ម៉ូតាក

mayonesa
ទឹកមយ៉ោណេ

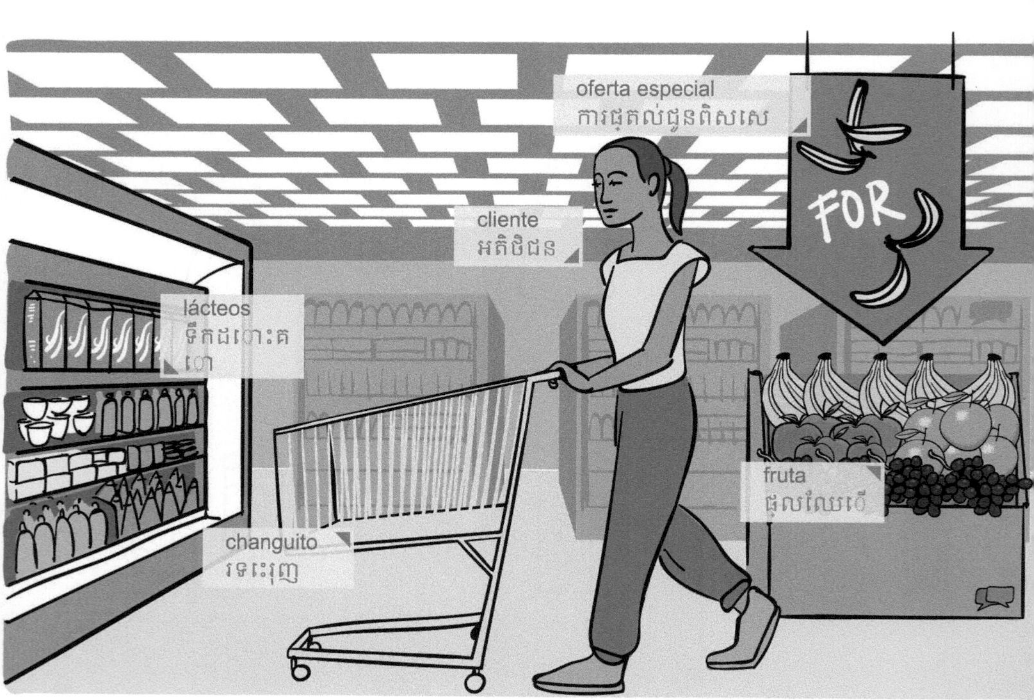

oferta especial
ការផ្តល់ជូនពិសេស
FOR
cliente
អតិថិជន
lácteos
ទឹកដោះគោ
fruta
ផ្លែឈើ
changuito
រទេះរុញ

BUTCHERS

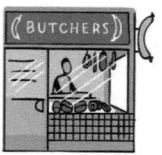

carnicería

ហាងកាប់ជ្រូក

BAKERY

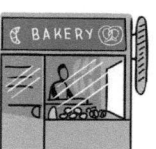

panadería

ហាងដុតនំ

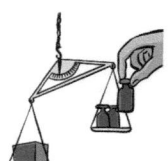

pesar

ថ្លឹង

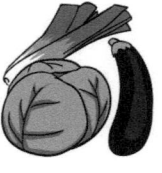

verduras

បន្លែ

carne

សាច់

alimentos congelados

អាហារក្លាស្សេ

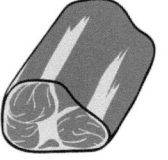

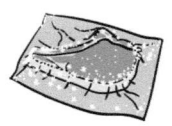

fiambres

សាច់កុលាសរ

alimentos enlatados

អាហារកំប៉ុង

detergente en polvo

មុសៅលាង

golosinas

សុអរគ្រាប់

electrodomésticos

ផលិតផលក្នុងគ្រួសារ

productos de limpieza

ផលិតផលសម្អាត

vendedora

អ្នកលក់

caja

ថតដាក់លុយ

cajero

បេឡា

lista de compras

បញ្ជីទិញទំនិញ

horario de atención

ម៉ោងធ្វើការ

billetera

កាបូបលុយបុរស

tarjeta de crédito

កាតឥណទាន

cartera

ថង់

bolsa de plástico

ថង់ប្លាស្ទិច

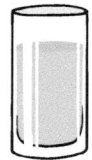

agua

ទឹក

jugo

ទឹកផ្លែឈើ

leche

ទឹកដោះគោ

bebida cola

កូកាកូឡា

vino

ស្រា

cerveza

ស្រាបៀរ

alcohol

គ្រឿងស្រវឹង

cacao

កាកាវ

té

តែ

café

កាហ្វេ

café expreso

កាហ្វេអិចស្ព្រេសូ

cappuccino

កាហ្វេកាពូឈីណូ

banana

ចេក

manzana

ផ្លែប៉ោម

naranja

ផ្លែក្រូច

melón

ឪឡឹក

limón

ក្រូចឆ្មា

zanahoria

ការ៉ុត

ajo

ខ្ទឹម

bambú

ប្រសុស្សី

cebolla

ខ្ទឹមបារាំង

champiñón

ផ្សិត

nueces

គ្រាប់ផ្លែឈើ

fideos

មី

tallarines

ម៉ីអ៊ីតាលី

arroz

ហាយ

ensalada

សាឡាត់

papas fritas

ដំឡូងចៀន

papas fritas

ដំឡូងចៀន

pizza

ភីហ្សា

hamburguesa

បឺហ្គឺ

sándwich

សាំងវិច

churrasco

សាច់ជាប់ឆ្អឹងជំនី

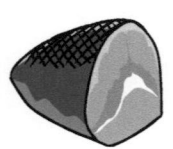

jamón

ហាំ

salame

សាឡាមី

salchicha

សាច់ក្រក

pollo

សាច់មាន់

asado

អាំង

pescado

ត្រី

copos de avena

អាវ៉ែនបបរ

muesli

មុយ៉ើស្លី

copos de maíz

ជំឡ្យូងចំណិត

harina

ម្សៅទៅ

medialuna

នំគ្រួសង់

pancito

នំប៉័ងមុំយ៉ាងមូលតូចៗ

pan

នំប៉័ង

tostada

អាំង

galletitas

នំប៊ីស្គី

manteca

ប័រ

cuajada

ទឹកដោះខាប់

torta

នំខេក

huevo

ស៊ុត

huevo frito

ស៊ុតចៀន

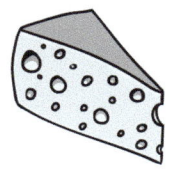

queso

ឈីស

helado

ការ៉ែម

azúcar

ស្ករ

miel

ទឹកឃ្មុំ

mermelada

ដំណាប់

pasta de chocolate

កុរមែតាំងម៉ៃ

curry

ការី

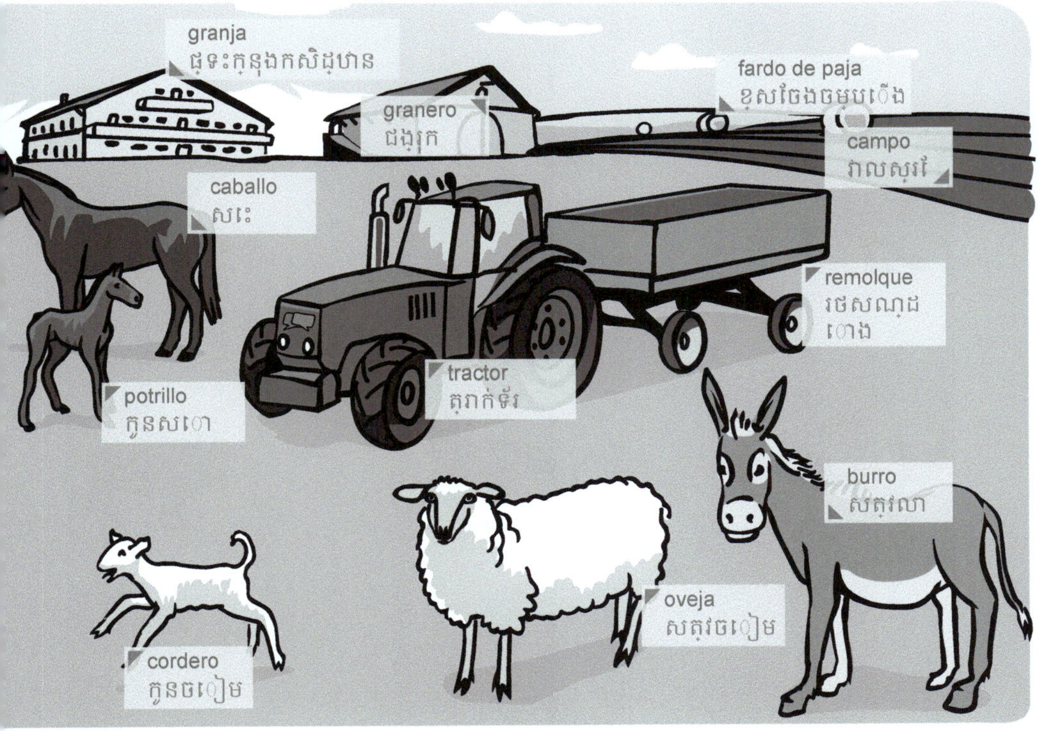

granja
ផ្ទះក្នុងកសិដ្ឋាន

fardo de paja
ខ្សែចងចម្រុបឈើង

granero
ជង្រុក

campo
វាលស្រែ

caballo
សេះ

remolque
រថសណ្ដជ
ពោង

tractor
តុរាក់ទ័រ

potrillo
កូនសេះ

burro
សត្វលា

cordero
កូនចៀម

oveja
សត្វចៀម

cabra

ពពែ

vaca

គោញី

ternero

កូនគោ

cerdo

ជ្រូក

lechón

កូនជ្រូក

toro

គោឈ្មោល

ganso

សត្វក្ងាន

pato

ទា

pollo

កូនមាន់

gallina

មមោន់

gallo

មាន់ឈ្មោល

rata

កណ្ដុរ

gato

ឆ្មា

ratón

កណ្ដុរប្ររមะ

buey

គោឈ្មោល

perro

ឆ្កែ

cucha

ផ្ទះឆ្កែ

manguera

ទុយោទឹក

regadera

ធុងស្រោចទឹក

guadaña

ខ្វែបក

arado

នង្គ័ល

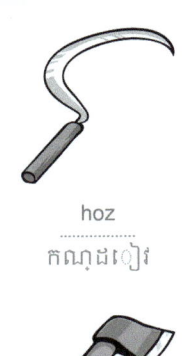
hoz
កណ្ដៀវ

azada
ចបកាប់

horquilla
រនាស់

hacha
ពូថៅ

carretilla
រទេះរុញ

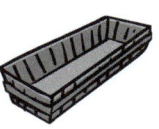
abrevadero
ស្នូក

lechera
កំប៉ុងទឹកដោះគោ

bolsa
ហារ

reja
របង

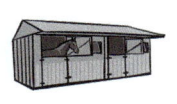
establo
ក្រុរោល

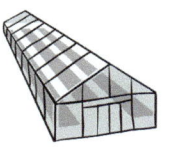
invernadero
ផ្ទះកញ្ចក់

suelo
ដី

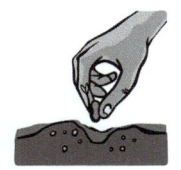
semilla
គ្រាប់ពូជ

fertilizador
ជី

cosechadora
ម៉ាស៊ីនបូរមួលផល

cosechar
ប្រមូលផល

cosecha
ការប្រមូលផល

batatas
ដំឡូងជួ

trigo
ស្រូវសាលី

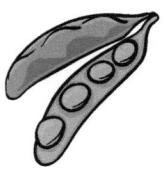

soja
សណ្ដែកសៀង

papa
ដំឡូងជួ

maíz
ពោត

semilla de colza
គ្រាប់ប្រេងវៃ

árbol frutal
ដេើមឈើហ្វ្របផ្លៃ

mandioca
ដំឡូងម៉ី

cereales
ចញ្ញជាតិ

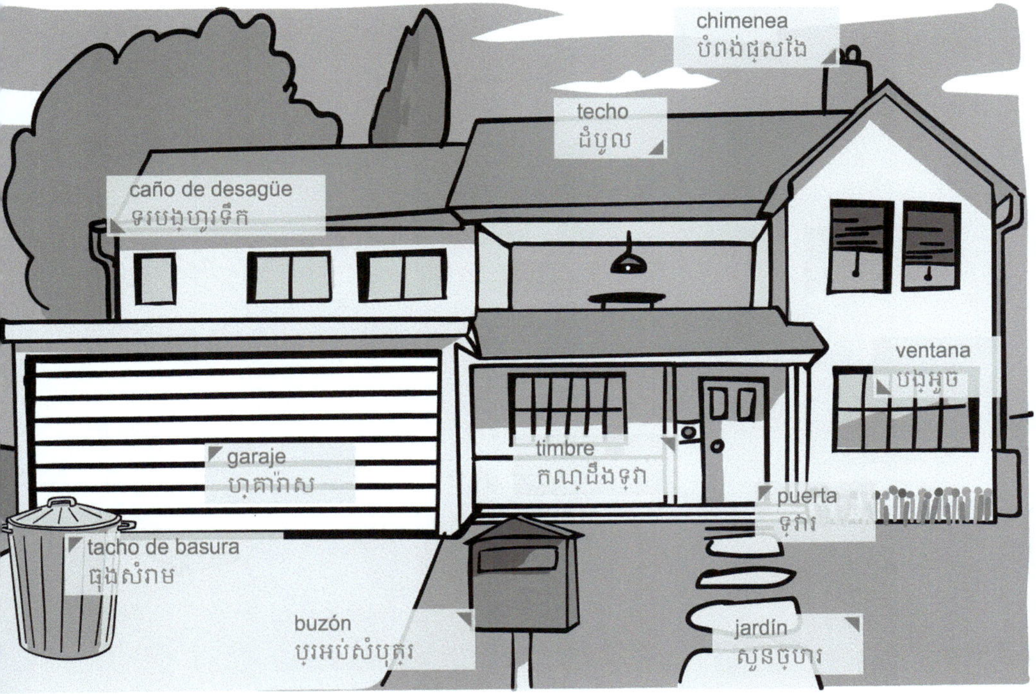

chimenea
បំពង់ផ្សែង

techo
ដំបូល

caño de desagüe
ទរបង្ហូរទឹក

ventana
បង្អួច

garaje
ហ្គារ៉ាស

timbre
កណ្ដឹងទ្វារ

puerta
ទ្វារ

tacho de basura
ធុងសំរាម

buzón
ប្រអប់សំបុត្រ

jardín
សួនច្បារ

living
បន្ទប់ទទួលភ្ញៀវ

baño
បន្ទប់ទឹក

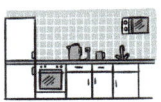

cocina
ផ្ទះបាយ

dormitorio
បន្ទប់គេង

cuarto de los chicos
បន្ទប់របស់កុមារ

comedor
បន្ទប់ទទួលទានអាហារ

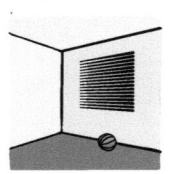

piso

ជាន់

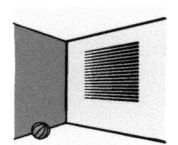

pared

ជញ្ជាំង

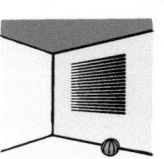

cielorraso

ពិដាន

sótano

បន្ទប់ក្រោមដី

sauna

សូណា

balcón

យ៉រ

terraza

ផ្ទៃវាលបសុមរើនៅជម្រាល
ភ្នំ

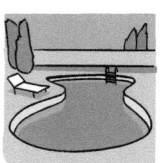

pileta

អាងហាលែទឹក

cortadora de pasto

ម៉ាស៊ីនកាត់សុមៅ

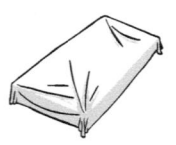

sábana

សន្លឹក

acolchado

កម្រាលគ្រវែកេ

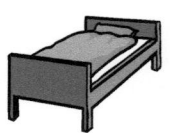

cama

គ្រែ

escoba

អំបោស

balde

ធុង

interruptor

កុងតាក់

living
បន្ទប់ទទួលភ្ញៀវ

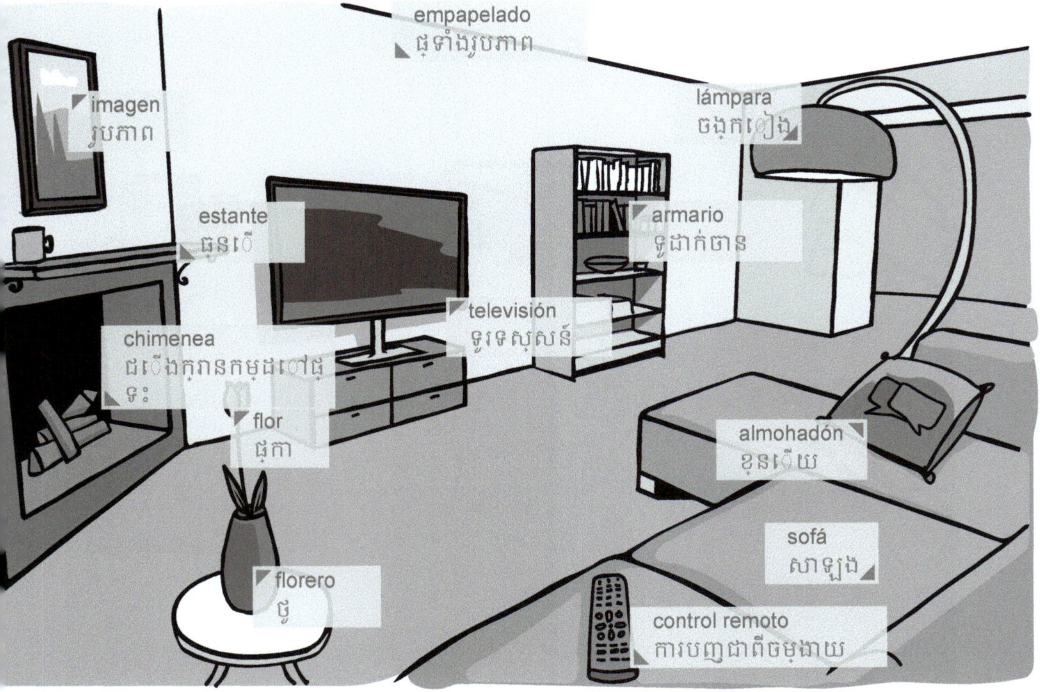
empapelado
ផ្ទាំងរូបភាព
imagen
រូបភាព
lámpara
ចង្កៀង
estante
ធ្នើ
armario
ទូដាក់ចាន
televisión
ទូរទស្សន៍
chimenea
ជើងក្រានកម្ដៅផ្ទះ
flor
ផ្កា
almohadón
ខ្នើយ
sofá
សាឡុង
florero
ថូ
control remoto
ការបញ្ជាពីចម្ងាយ

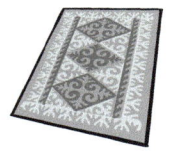

alfombra
កម្រាលព្រំ

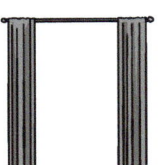

cortina
វាំងនន

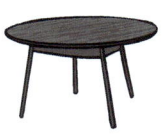

mesa
តុ

silla
កៅអី

mecedora
កៅអីប៉ាក់ប៉ើក

sillón
កៅអីភ្នាក់ដៃ

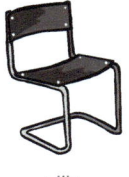

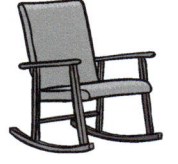

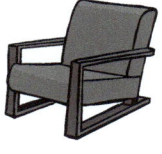

libro
សៀវភៅ

frazada
ភួយ

decoración
ការតុបតែង

leña
អុសដុត

película
ឌុសកៃភាពយន្ត

equipo de música
ឧបករណ៍ Hi-Fi

llave
កូនសោ

diario
កាសែត

pintura
គំនូរ

póster
ផ្ទាំងរូបភាព

radio
វិទ្យុ

cuaderno
ណ្ហូតផធគេ

aspiradora
ម៉ាស៊ីនបូមធូលី

cactus
ដំបងយក្ស

vela
ទៀន

cocina
ផ្ទះបាយ

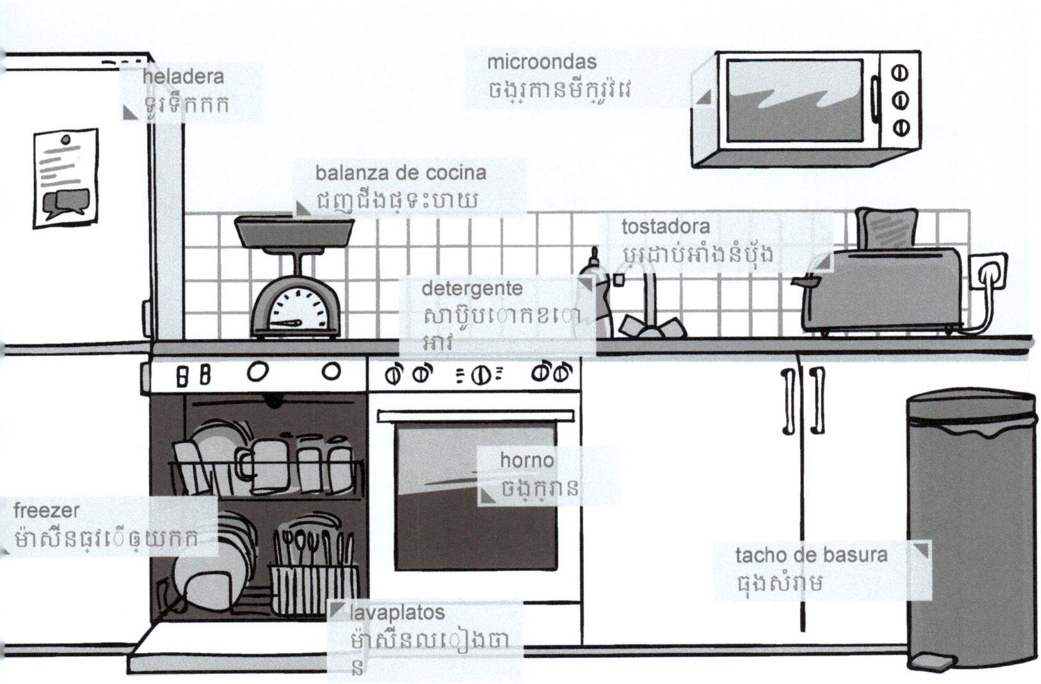

heladera
ទូរទឹកកក
microondas
ចង្ក្រានមីក្រូវ៉េវ
balanza de cocina
ជញ្ជីងផ្ទះបាយ
tostadora
ប្រដាប់អាំងនំប៉័ង
detergente
សាប៊ូបោកខោអាវ
horno
ចង្ក្រាន
freezer
ម៉ាស៊ីនធ្វើទឹកកក
tacho de basura
ធុងសំរាម
lavaplatos
ម៉ាស៊ីនលាងចាន

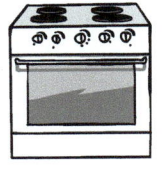

cocina
ចង្ក្រាន

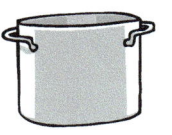

olla
ឆ្នាំង

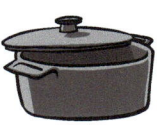

olla de hierro fundido
ឆ្នាំងដែក

wok
ខ្ទះ / ខ្ទះឥណ្ឌា

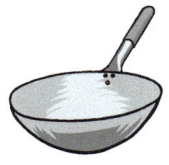

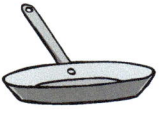

sartén
ខ្ទះ

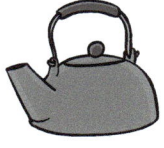

pava
កំសៀវ

vaporera

ធ្នាំងចំហុយ

bandeja de horno

ថាសដុតនំ

vajilla

គ្រឿងចានធ្នាំងដី

taza

ថ្វ

bol

ចានគ្រោម

palitos

ចង្កឹះ

cucharón

វែកសមុល

estpátula

វែកគ្រ

batidora

ប្រដាប់វាយកូរឡូក

colador

តម្រង

colador

កន្ត្រង

rallador

ប្រដាប់កោសដូង

mortero

ត្បាល់

parrilla

ការអាំងសាច់

fogata

ចង្ក្រានចំហា

tabla de picar

ជុងរញ

palo de amasar

បុរដាប់កិនម្សៅ

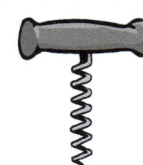

sacacorchos

បុរដាប់ម្សៅរបើកឆ្នុកឧកសុរា

lata

កំប៉ុង

abrelatas

បុរដាប់បបើកកំប៉ុង

manopla

ក្រណាត់ទ្រាប់ធ្នាំង

pileta

កន្លែងលាងចាន

cepillo

ជក់

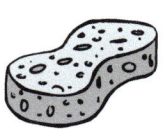

esponja

អេប៉ុង

batidora

ម៉ាស៊ីនក្រឡេក

congelador

ទូរទឹកកកខ្នាតកូច

mamadera

ដបទឹកដោះគោ

canilla

រូប៊ីណេ

baño
បន្ទប់ទឹក

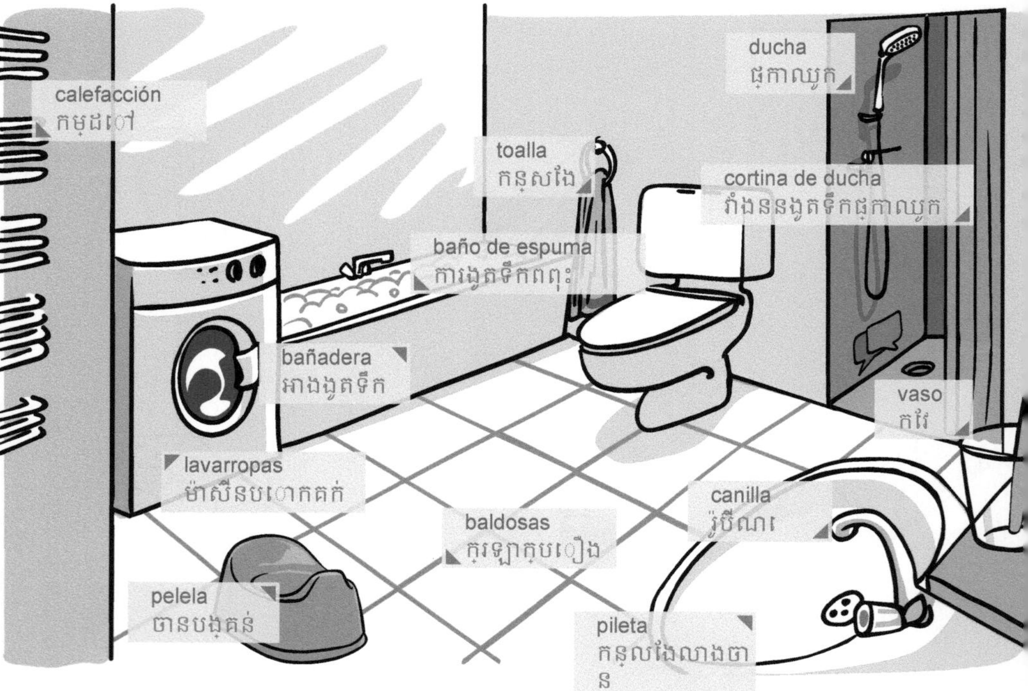

calefacción
កម្ដៅ
ducha
ផ្កាឈូក
toalla
កន្សែង
cortina de ducha
វាំងននងូតទឹកផ្កាឈូក
baño de espuma
ការងូតទឹកពពុះ
bañadera
អាងងូតទឹក
vaso
កែវ
lavarropas
ម៉ាស៊ីនបោកគក់
canilla
រ៉ូប៊ីណេ
baldosas
ក្រឡាក្បឿង
pelela
ចានបង្គន់
pileta
កន្លែងលាងចាន

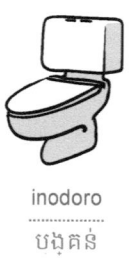

inodoro
បង្គន់

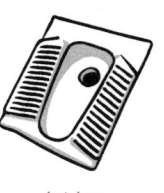

letrina
បង្គន់អង្គុយ

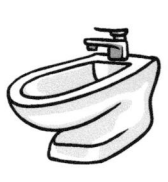

bidé
ផើងជម្រះកាយ

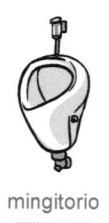

mingitorio
ក្លាំទឹកនោម

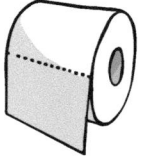

papel higiénico
ក្រដាសបង្គន់

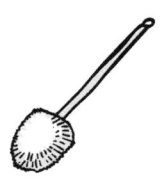

cepillo para el inodoro
ច្រាសដុសបង្គន់ន

cepillo de dientes

ចេក្រាសដុសធ្មេញ

dentífrico

ថ្នាំដុសធ្មេញ

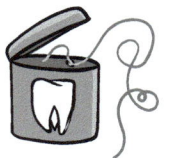

hilo dental

ខ្សែទៅក់សម្អាតធ្មេញ

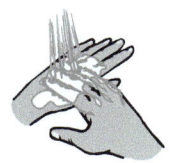

lavar

លាង

ducha de mano

បូរដោបដាក់ដៃផ្កាឈូក

ducha higiénica

ទឹកថ្នាំសម្រាប់ហាញលាង

palangana

អាង

cepillo para espalda

ចេក្រាសដុសខ្នង

jabón

សាប៊ូ

gel de ducha

ទ្បែសម្រាប់ងូតទឹកផ្កាឈូក

shampoo

សាប៊ូ

toallita

សកុលាត

desagüe

បំពង់បង្ហូរទឹក

crema

ក្រមៃ

desodorante

ថ្នាំបំបាត់ក្លិនអាក្សរ

espejo

កញ្ចក់

espejito

កញ្ចក់ដៃ

maquinita de afeitar

បរដាប់កោរ

espuma de afeitar

ហ្វូមកោរពុកមាត់

aftershave

ទឹកលាងក្រោយកោរពុកមាត់រួច

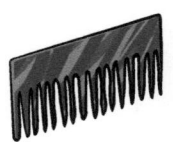

peine

ក្រាស

cepillo

ជក់

secador de pelo

បរដាប់សម្ងួតសក់

spray

សុព្រាយបាញ់សក់

maquillaje

ការតុបតែងមុខ

lápiz de labios

ក្រមៃលាបមាត់

esmalte para uñas

ថ្នាំលាបក្រចក

algodón

រោមកប្បាស

tijera para uñas

កន្ត្រៃកាត់ក្រចក

perfume

ទឹកអប់

portacosméticos

កាបូបបពោកតក់

banqueta

ឈាមក

balanza

ជញ្ជីងថ្លឹងទម្ងន់

bata

អាវពាក់ងូតទឹក

guantes de goma

ស្រោមដៃកៅស៊ូ

tampón

ឆ្នុក

toallita femenina

កន្សែងអនាម័យ

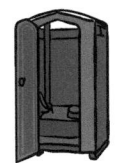

baño químico

បង្គន់គីមី

cuarto de los chicos
បន្ទប់របស់កុមារ

despertador
នាឡិការោទ៍
peluche
ប្រដាប់ក្មេងអោបលេង
coche de juguete
រថយន្តក្មេងលេង
sonajero
ប្រដាប់អង្រួនលេង
casa de muñecas
ផ្ទះកូនក្រមុំជ័រ
regalo
អំណោយ

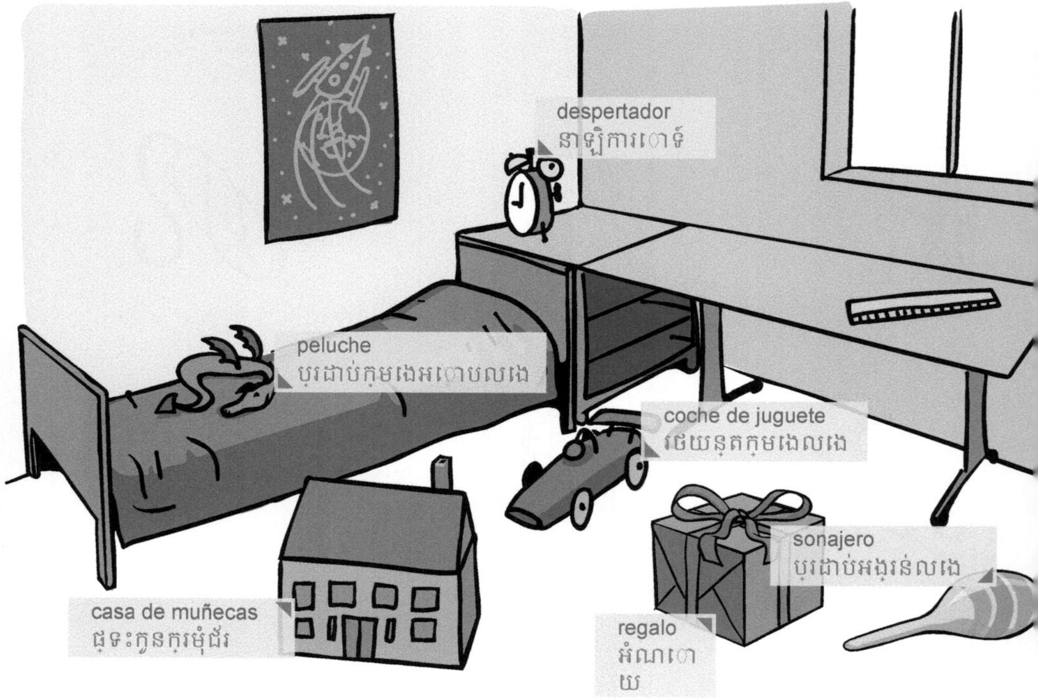

globo
ប៉េងប៉ោង

cama
គ្រែ

cochecito
រទេះរុញទារក

cartas
ហ៊្វបៀ

rompecabezas
រូបផ្គុំ

SUPER
MEGA

historieta
កំប្លែង

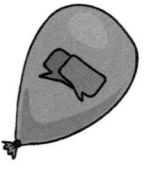

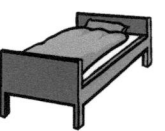

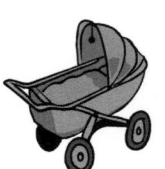

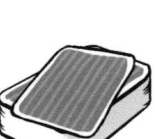

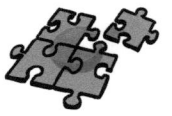

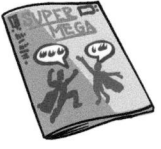

piezas de lego

ផ្គុំ Lego

ladrillos de juguete

បុល្កប៉ុរដាប់ក្មេងលេង

figura de acción

តួលខេសកម្មភាព

enterito (de bebé)

ខោអាវទារក

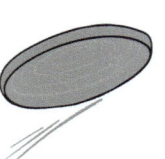

frisbee

ការគប់ចាស

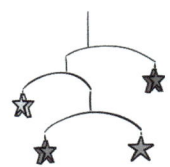

móvil para bebés

ទូរស័ព្ទដៃ

juego de mesa

កុតារលេបងៃ

dados

គុរប់ឡ្បកឡ្ពាក់

tren eléctrico

ឈុតរថភ្លើងបើងគំរូ

chupete

រូបសំណាក

fiesta

គណបក្ស

libro de cuentos ilustrado

សរៀរេភឿរូបភាព

pelota

ហាល់

muñeca

កូនក្រមុំតុក្កកតា

jugar

លេង

arenero

រណ្ដៅទៅខ្សាច់

hamaca

ទ្រេង

juguetes

បុរដោប់កុមងេលងេ

consola de videojuegos

កុងសួលវីដអ្វេហ្គតមេ

triciclo

គុីចក្រយានយន្ត

osito de peluche

តុក្កតាខ្លាយម៉ុ

armario

ទូខោអាវ

ropa
សម្លៀកបំពាក់

medias

ស្រោមជេីង

medias panty

ស្រោមជេីងវែង

calzas

ខោទ្រនាប់នារី

bufanda
កូរម៉ា

nturón
ស្តែរវាត់

paraguas
ឆត្រ

remera
អាវយឺត

botas
ស្បែកជើងវែងវែង

pantuflas
ស្បែកជើងពាក់នៅ
ទូ

zapatillas
ស្បែកជើងបាតា

sandalias

ស្បែកជើងសង្រែក

zapatos

ស្បែកជើង

botas de goma

ស្បែកជើងវែងកែងទៅស្ប៊

ropa interior

ខោទ្រនាប់បុរស

corpiño

អាវទ្រនាប់

chaleco

អាវកាក់

body

រាងកាយ

pantalones

ខោទាវែង

jeans

ខោទ្បូរបិយ

pollera

សំពត់

blusa

អាវកុររៅ

camisa

អាវ

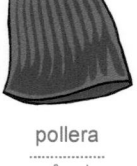

pulóver

អាវយឺត

buzo

អាវយឺត

blazer

អាវធំ

campera

អាវកុររៅ

tapado

អាវធំ

piloto

អាវភ្លៀងរៀង

traje

គុររៀងតង

vestido

អាវរៃង

vestido de novia

សំលរៀកបំពាក់អាពាហ៍ពិពា
ហ៍

traje
ខោអាវឈុត

camisón
រូបរាគ្រី

pijama
ឈុតគេង

sari
សារី

pañuelo para cabeza
កន្សែងដែលជួតកុហាល

turbante
ឆ្នួត

burka
សុបថែខ

caftán
kaftan

abaya
abaya

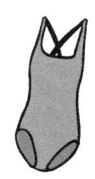

traje de baño
ឈុតហាលែទឹក

short de baño
ខោខ្លី

shorts
ខោខ្លី

jogging
ឈុតហាត់កីឡា

delantal
អាវអេ្រៀម

guantes
ស្រោមដៃ

botón

ឡូវេអារ

anteojos

វ៉ែនតា

pulsera

ខ្សដៃ

collar

ខ្សក

anillo

ចិញ្ចៀន

aro

កុវិល

gorra

មួក

percha

បុដាប់ពួយអាវកុរៅ

sombrero

មួក

corbata

ក្រវាត់ក

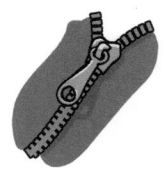

cierre

រូត

casco

មួកសុវត្ថិភាព

tiradores

ខ្សវ៉ៃ

uniforme escolar

ឯកសណ្ឋានសាលា

uniforme

ឯកសណ្ឋាន

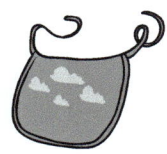

babero

អៀមទារក

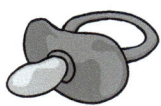

chupete

រូបសំណាក

pañal

ខោទឹកនោម

oficina

ការិយាល័យ

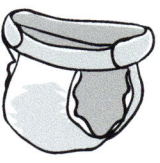

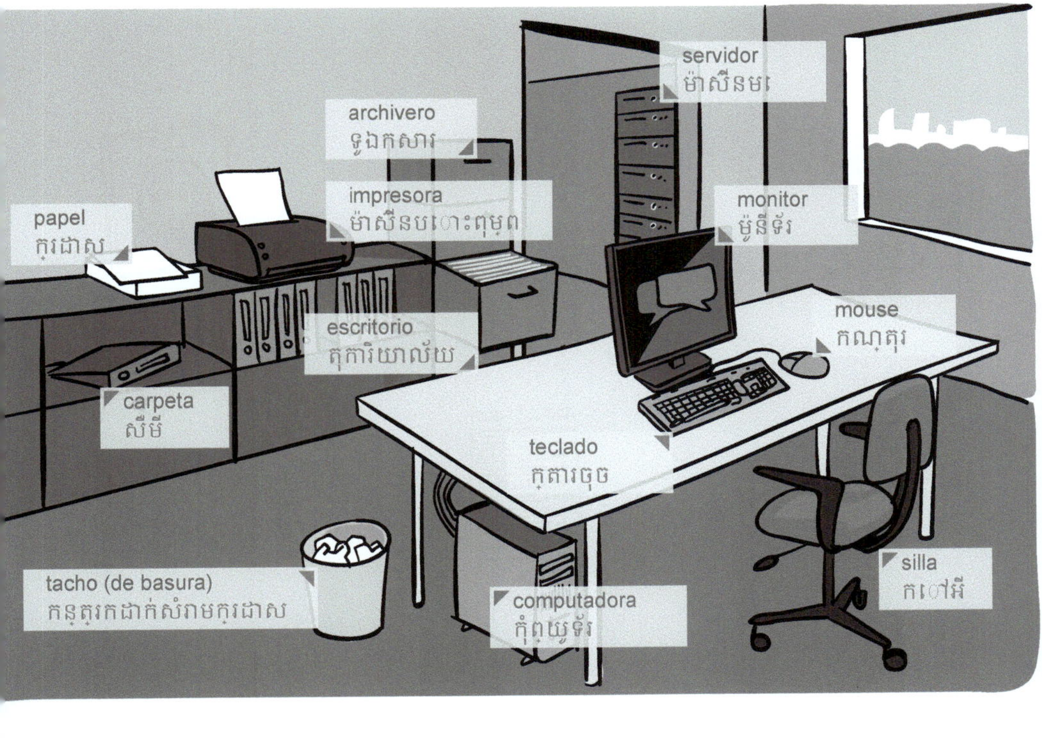

servidor
ម៉ាស៊ីនមេ
archivero
ទូឯកសារ
impresora
ម៉ាស៊ីនបោះពុម្ព
papel
ក្រដាស
monitor
ម៉ូនីទ័រ
escritorio
តុការិយាល័យ
mouse
កណ្ដុរ
carpeta
ស៊ីឌី
teclado
ក្ដារចុច
tacho (de basura)
កន្ត្រកដាក់សំរាមក្រដាស
silla
កៅអី
computadora
កុំព្យូទ័រ

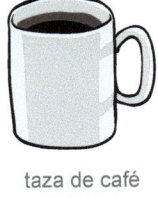

taza de café

កែវកាហ្វេ

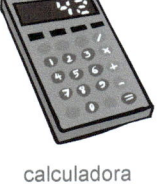

calculadora

ម៉ាស៊ីនគិតលេខ

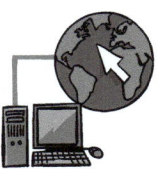

internet

អ៊ីនធឺណិត

laptop
កុំព្យូទ័រយួរដៃ

carta
លិខិត

mensaje
សារ

celular
ទូរស័ព្ទដៃ

red
បណ្តាញ

fotocopiadora
ម៉ាស៊ីនថតចម្លង

software
សូហ្វវែរ

teléfono
ទូរស័ព្ទ

tomacorriente
នុធជដោត

fax
ម៉ាស៊ីនទូរសារ

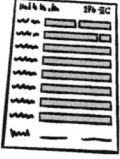

formulario
ទម្រង់បែបបទ

documento
ឯកសារ

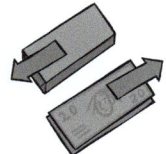

comprar

ទិញ

pagar

បង់ប្រាក់

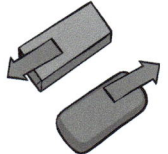

hacer negocios

ធុរេជំនួញ

dinero

លុយ

dólar

ប្រាក់ដុល្លារ

euro

ប្រាក់អឺរ៉ូ

yen

ប្រាក់យ៉េន

rublo

ប្រាក់រូបិល

franco suizo

ហ្វ្រង់ស៊ុវីស

yuan

ប្រាក់យ៉ន

rupia

ប្រាក់រូពី

cajero automático

កន្លែងបុរេសាច់ប្រាក់

casa de cambio

ការិយាល័យប្តូរប្រាក់

oro

មាស

plata

ប្រាក់

petróleo

ប្រេង

energía

ថាមពល

precio

តម្លៃ

contrato

កិច្ចសន្យា

impuesto

ពន្ធ

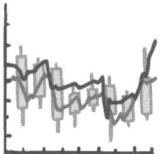

acción

ភាគហ៊ុន

trabajar

ធ្វើការ

empleado

បុគ្គលិក

empleador

និយោជក

fábrica

រោងចក្រ

negocio

ហាង

ocupaciones

មុខរបរ

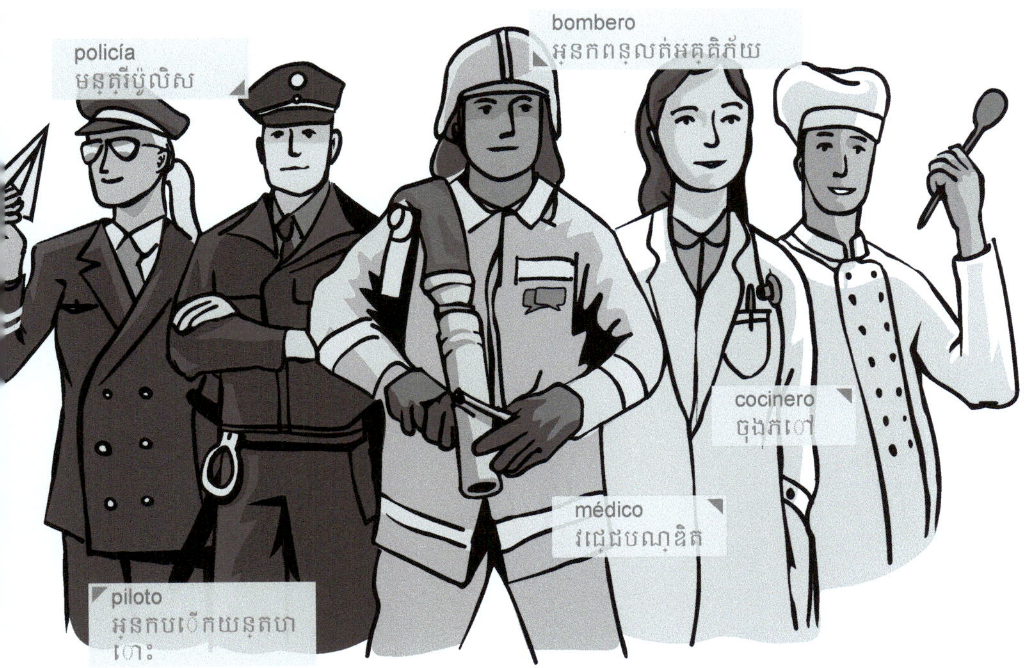
policía
មន្ត្រីប៉ូលិស
bombero
អ្នកពន្លត់អគ្គិភ័យ
cocinero
ចុងភៅ
médico
វេជ្ជបណ្ឌិត
piloto
អ្នកបើកយន្តហោះ

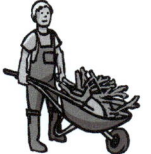

jardinero

អ្នកថែសួន

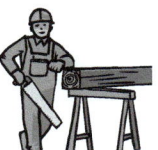

carpintero

ជាងឈើ

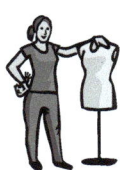

modista

ជាងកាត់ដេរ

juez

ចៅក្រម

farmacéutico

គីមីវិទូ

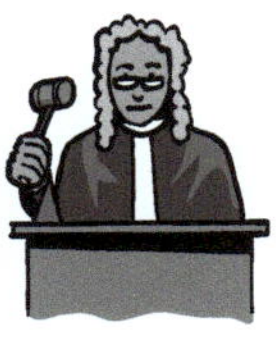

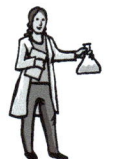

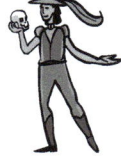

actor

តួកុន

colectivero

អ្នកបើកឡានក្រុង

taxista

អ្នកបើកតាក់សី

pescador

អ្នកនេសាទ

mucama

សុត្តីអ្នកសម្អាត

techista

ជាងដំបូល

mozo

អ្នករត់តុ

cazador

អ្នកបរបាញ់សត្វ

pintor

វិចិត្រករ

panadero

អ្នកដុតនំ

electricista

ជាងអគ្គីសនី

albañil

ជាងសំណង់

ingeniero

វិស្វករ

carnicero

អ្នកកាប់សាច់

plomero

ជាងជួសជុលទុយេពាទ៍ក

cartero

អ្នករត់សំបុត្រ

54   ocupaciones - មុខរបរ

soldado

ទាហាន

arquitecto

ស្ថាបត្យករ

cajero

បេឡា

florista

អ្នកលក់ផ្កា

peluquero

អ្នកអ៊ិតសក់

cobrador

អ្នកយកលុយ

mecánico

ជាងម៉ាស៊ីន

capitán

កាពីទែន

dentista

ពេទ្យធ្មេញ

científico

អ្នកវិទ្យាសាស្ត្រ

rabino

គ្រូបង្រៀនច្បាប់សញ្ជាតិ
ជ៊ីហ្វូរ

imán

លោកសង្ឃចាម

monje

ព្រះសង្ឃ

sacerdote

បព្វជិត

herramientas
ឧបករណ៍

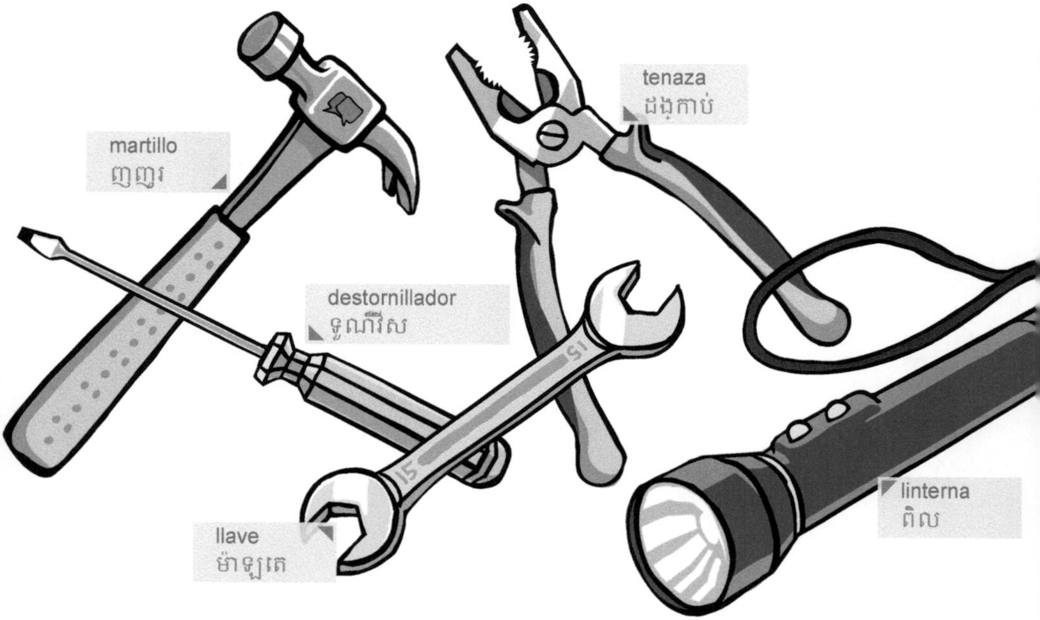
martillo
ញញួរ
tenaza
ដង្កាប់
destornillador
ទួណឺវីស
llave
ម៉ាឡេត
linterna
ពិល

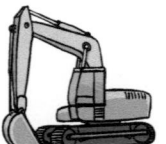

excavadora
ម៉ាស៊ីនជីក

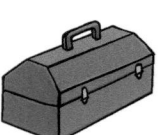

caja de herramientas
ប្រអប់ឧបករណ៍

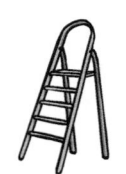

escalera portátil
ជណ្តើរ

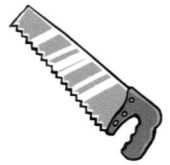

sierra
រណារ

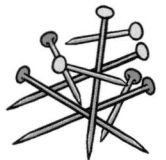

clavos
ដែកគោល

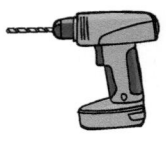

taladro
ប្រដាប់ស្វាន

arreglar
ជួសជុល

pala de jardín
ប៉ែល

¡Qué bronca!
ចង្រៃ!

pala de plástico
បុរដាប់ចួកធូលី

tacho de pintura
ធុងថ្នាំពណ៌

tornillos
វីស

instrumentos musicales
ឧបករណ៍តន្ត្រី

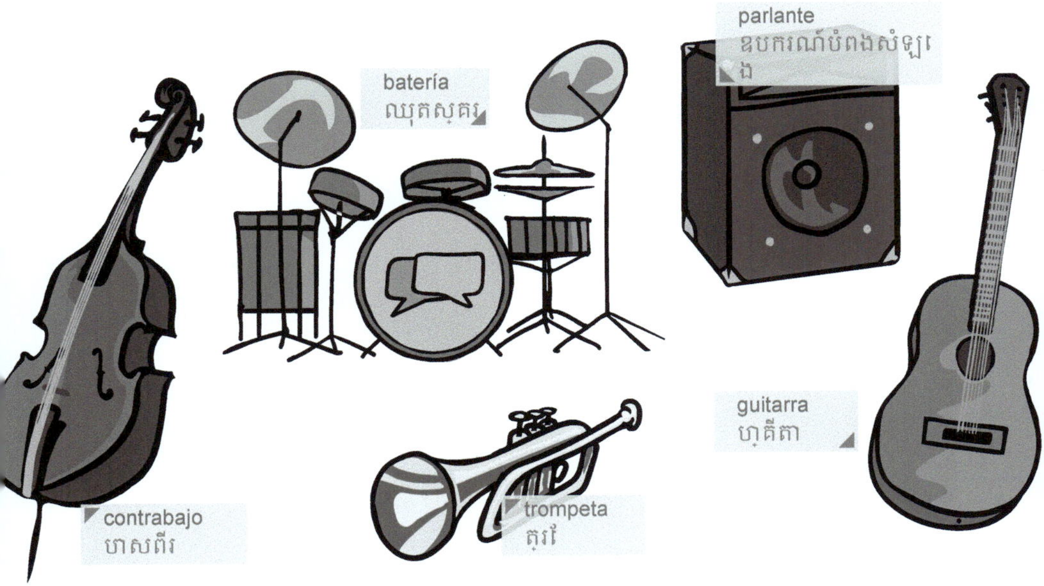

parlante
ឧបករណ៍បំពងសំឡេង

batería
ឈុតសូរ

guitarra
ហ្គីតា

contrabajo
ហាសពីរ

trompeta
គូរ

piano

ពុយាណូ

violín

វីយុឡ្យុង

bajo

ហាស

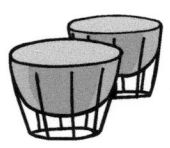

timbales

ស៊ុតរពាសសុ៊បកែមុយ៉ាង

tambor

ស៊ុតរ

teclado

យ៉ឺបត

saxofón

សាក់ស្វហ្ញុន

flauta

ខ្លុយ

micrófono

ម៉ីក្រូហ្ញុន

zoológico
ស្តួនសត្វ

tigre
សត្វខ្លា

jaula
ទ្រុង

cebra
សេះបង្កង់

alimento para animales
ការខ្ចៀយចំណីសត្វ

entrada
ច្រកចូល

oso panda
ខ្លាឃ្មុំផនេដា

animales

សត្វ

elefante

សត្វដំរី

canguro

សត្វកង់ហ្គារូ

rinoceronte

សត្វរមាស

gorila

សត្វស្វាហ្គីរីឡា

oso

ខ្លាឃ្មុំពណ៌តុនោត

camello

សត្វអូដ្ឋ

avestruz

សត្វអូទ្រីស

león

សត្វតោ

mono

ស្វា

flamenco

សត្វកុររៀល

loro

សកេ

oso polar

ខ្លាឃ្មុំតំបន់ប៉ូល

pingüino

ផេនឃ្វីន

tiburón

ត្រីឆ្លាម

pavo real

ក្ងោក

serpiente

សត្វពស់

cocodrilo

ក្រពើ

cuidador del zoológico

អ្នករក្សាសួនសត្វ

foca

ឆ្មាទឹក

jaguar

ខ្លារខិនមប្យាង

poni

កូនសេះ

leopardo

ខ្លារខិន

hipopótamo

សត្វដេីរទឹក

jirafa

សត្វករវៃង

águila

ពនុទ្រី

jabalí

ជ្រូក

pescado

ត្រី

tortuga

អណ្ដើកេបឹក

morsa

លពោមមចុចា

zorro

កញ្ជ្រុរោង

gacela

ក្ដាន់

deportes
កីឡា

fútbol americano
កីឡាហាល់ទាត់អាមេរិក

ciclismo
ការបុរណ៉ាងកង់

tenis
កីឡាចនើស

básquet
កីឡាហាល់បបោះ

natación
កីឡាហាលេទឹក

boxeo
កីឡាប្រដាល់

hockey sobre hielo
កីឡាវាយក្នុនមាល់លបើ
កកី

fútbol
កីឡាហាល់ទាត់

bádminton
កីឡាវាយសី

atletismo
អកុតឋលកម្ម

handball
កីឡាហាល់កាន់

esquí
ការជិះស្គី

polo
ប៉ូទ្បូ

actividades
សកម្មភាពនានា

reír
សើច
saltar
លោត
abrazar
ឱប
caminar
ដើរ
cantar
ច្រៀង
soñar
សុបិន្ត
rezar
អធិស្ឋាន
besar
ថើប

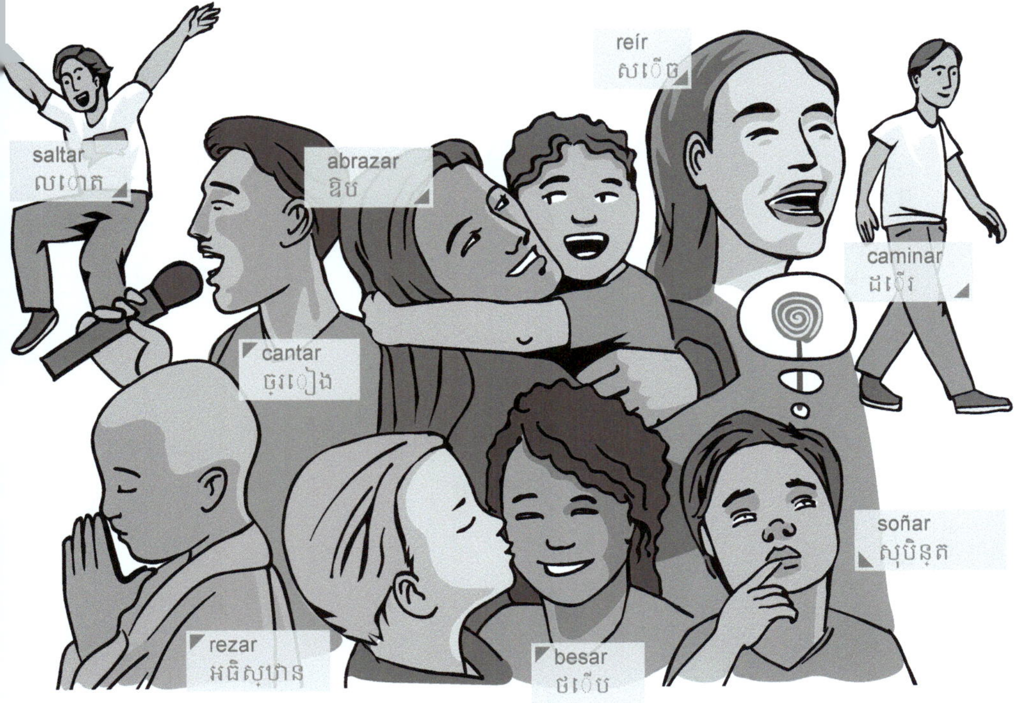

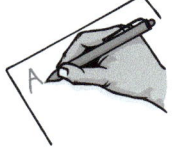

escribir
សរសេរ

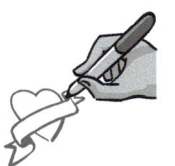

dibujar
គូរ

mostrar
បង្ហាញ

presionar
រុញ

dar
ឲ្យ

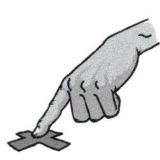

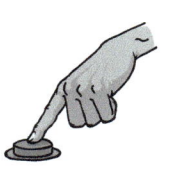

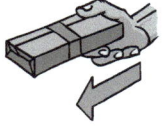

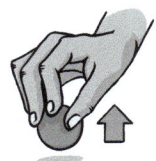

tomar
យក

tener

មាន

hacer

ធ្វើរើ

ser

គឺ

estar parado

ឈរ

correr

រត់

tirar

ទាញ

tirar

បោះ

caer

ធ្លាក់

estar acostado

កុហាក

esperar

រង់ចាំ

llevar

យូរ

estar sentado

អង្គុយ

vestirse

សួលៀកពាក់

dormir

ដេក

despertar

ភ្ញាក់ឡ្បើង

mirar
មេើល

llorar
យំ

acariciar
គូសវាស

peinar
សិតសក់

hablar
និយាយ

entender
យល់

preguntar
សួរ

escuchar
ស្ដាប់

beber
ផឹក

comer
បរិភោគ

ordenar
សម្អាត

amar
ស្រឡាញ់

cocinar
ចម្អិន

manejar
បេើកបរ

volar
ហារេះ

navegar

ចបែកទូក

calcular

គណនា

leer

អាន

aprender

រៀន

trabajar

ធ្វើការ

casarse

រៀបការ

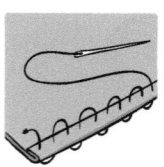

coser

ដេរ

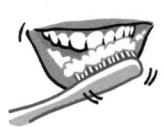

cepillarse los dientes

ដុសធ្មេញ

matar

សម្លាប់

fumar

ជក់

enviar

ផ្ញើ

abuela
ជីដូន

abuelo
ជីតា

padre
ឪពុក

madre
ម្តាយ

bebé
ទារក

hija
កូនស្រី

hijo
កូនប្រុស

invitado
ភ្ញៀវ

tía
មីង

tío
ពូ

hermano
បងប្អូនបុរស

hermana
បងប្អូនស្រី

cuerpo
រាងកាយ

frente
ថ្ងាស
ojo
ភ្នែក
hombro
ស្មា
dedo
ម្រាមដៃ
cara
មុខ
pera
ចង្កា
mano
ដៃ
pecho
សុដន់
pierna
ជើង
brazo
ដៃ

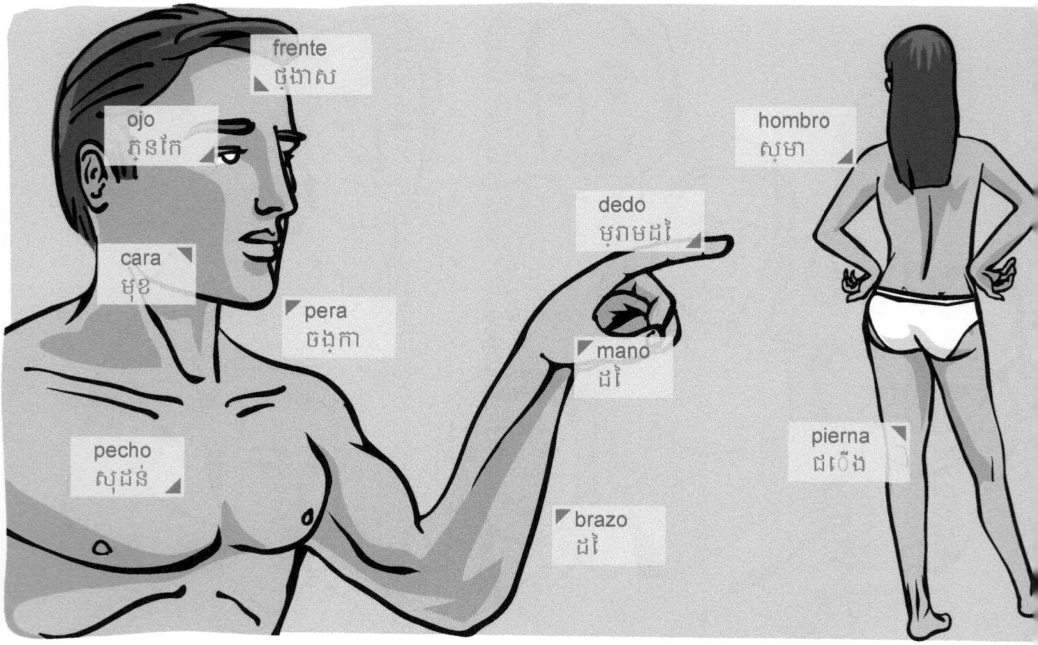

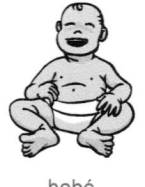

bebé

ទារក

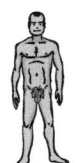

hombre

បុរស

mujer

ស្ត្រី

nena

ក្មេងស្រី

nene

ក្មេងប្រុស

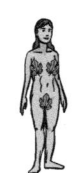

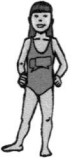

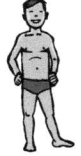

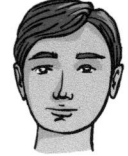

cabeza

ក្បាល

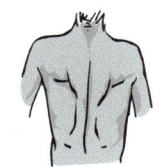

espalda

ខ្នង

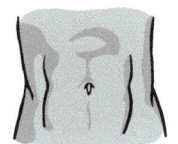

panza

ពោះ

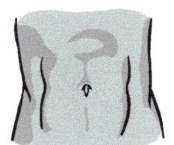

ombligo

ផ្ចិត

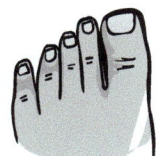

dedo del pie

ម្រាមជើង

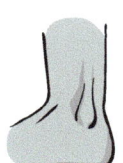

talón

កែងជើង

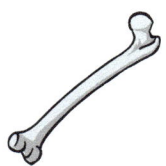

hueso

ឆ្អឹង

cadera

គូទត្រគាក

rodilla

ជង្គង់

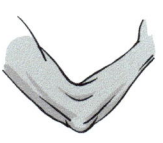

codo

កែងដៃ

nariz

ច្រមុះ

cola

គូទ

piel

ស្បែក

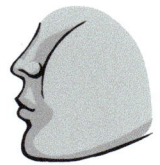

cachete

ថ្ពាល់

oreja

ត្រចៀក

labio

បបូរមាត់

boca

មាត់

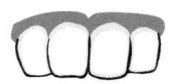

diente

ធ្មេញ

lengua

អណ្ដាត

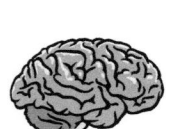

cerebro

ខួរក្បាល

corazón

បេះដូង

músculo

សាច់ដុំ

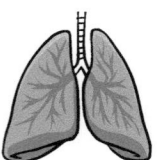

pulmón

សួត

hígado

ថ្លើម

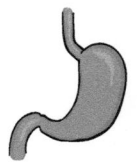

estómago

ក្រពះ

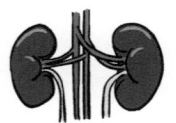

riñones

តម្រងនោម

sexo

ការរួមភេទ

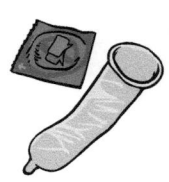

preservativo

ស្រោមអនាម័យ

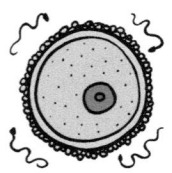

óvulo

អូវុល

semen

ទឹកកាម

embarazo

ការមានផ្ទៃពោះ

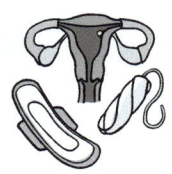

menstruación

មករដូវ

vagina

ទ្វារមាស

pene

លិង្គ

ceja

ចិញ្ចើម

pelo

សក់

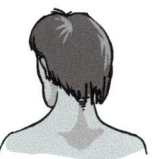

cuello

ក

hospital
មន្ទីរពេទ្យ

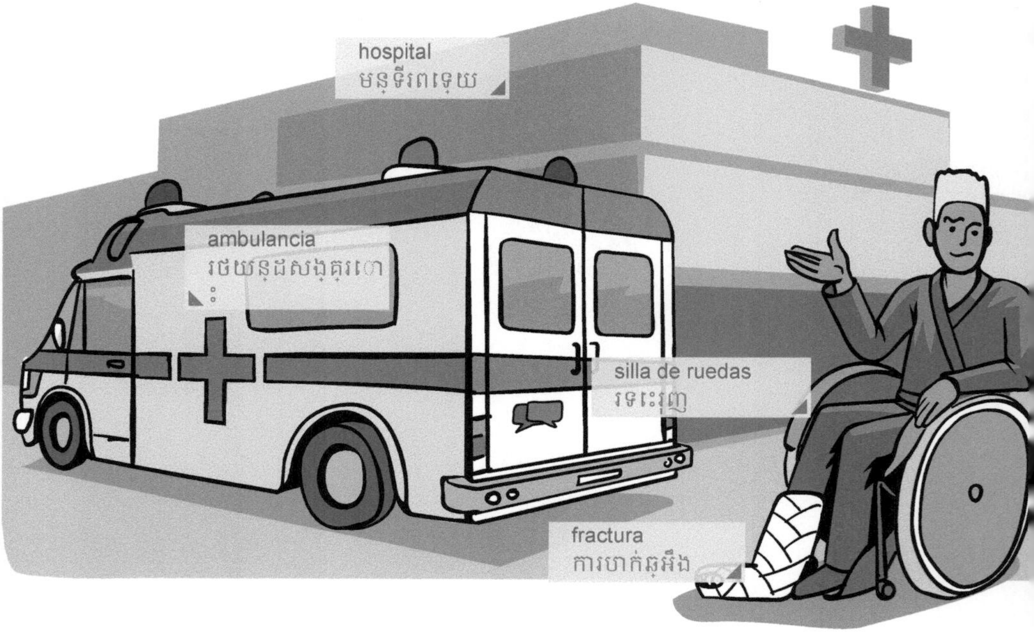

hospital
មន្ទីរពេទ្យ
ambulancia
រថយន្តសង្គ្រោះ
silla de ruedas
រទេះរុញ
fractura
ការបាក់ឆ្អឹង

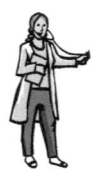

médico

វេជ្ជបណ្ឌិត

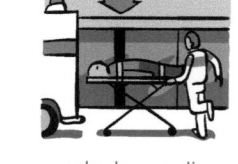

sala de guardia

បន្ទប់សង្គ្រោះបន្ទាន់

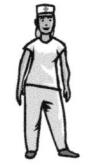

enfermera

គិលានុបដ្ឋាយិកា

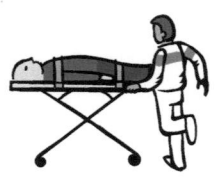

emergencia

សង្គ្រោះបន្ទាន់

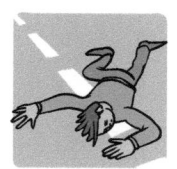

inconsciente

សន្លប់

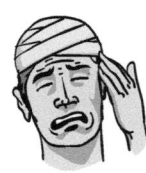

dolor

ការឈឺចាប់

lesión

ការរងរបួស

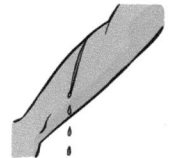

hemorragia

ការហូរឈាម

infarto

គាំងបេះដូង

ACV

ស្ទះដាច់សរសៃឈាមក្នុង
ក្បាល

alergia

អាលែកហ្ស៊ី

tos

ក្អក

fiebre

ជំងឺគ្រុន

gripe

ជំងឺផ្តាសាយ

diarrea

ជំងឺរាគ្គរស

dolor de cabeza

ឈឺក្បាល

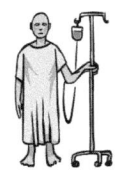

cáncer

ជំងឺមហារីក

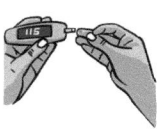

diabetes

ជំងឺទឹកនោមផ្អែម

cirujano

គ្រូពេទ្យវះកាត់

bisturí

កាំបិតវះកាត់

operación

បុរតិបត្តុជិការ

TC
CT

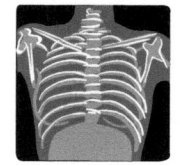

rayos x
កាំរស្មីអ៊ិច

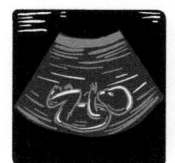

ecografía
អេកូ

barbijo
របាំងមុខ

enfermedad
ជំងឺ

sala de espera
វង់ចាំបន្ទប់

muleta
ឈរើច្រត់

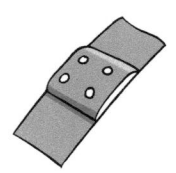

curita
មុនាងសិលា

venda
បង់រុំ

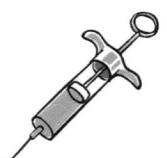

inyección
ការចាក់ថ្នាំ

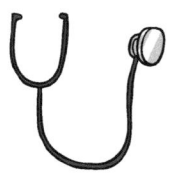

estetoscopio
ស្ដេត្គ្រ

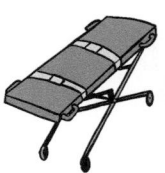

camilla
ស្ននៃងរួស

termómetro
ទរើម្ម៉ម៉ែត្រពេទ្យហាល

nacimiento
កំណេើត

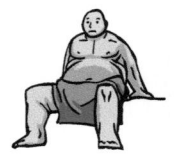

sobrepeso
លេើសទម្ងន់

audífono

បរិក្ខារជំនួយការស្តាប់

desinfectante

សារធាតុសម្លាប់មេរោគ

infección

ការឆ្លងមេរោគ

virus

មេរោគ

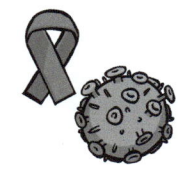

VIH / SIDA

មេរោគអេដស៍ / ជំងឺអេដស៍·

remedio

ថ្នាំពិទេ្យ

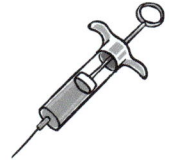

vacunación

ការចាក់ថ្នាំបង្ការ

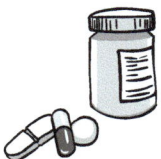

comprimidos

ថ្នាំប្រាប់លិត

pastilla anticonceptiva

ថ្នាំគ្រាប់

llamada de emergencia

ការហៅពេលអាសន្ន

tensiómetro

ឧបករណ៍ពិនិត្យសម្ពាធ
ឈាម

enfermo / sano

ឈឺ / មានសុខភាពល្អ

¡Ayuda!		
¡Ayuda!	alarma	agresión
ជំនួយ!	សំឡេងរោទ៍	ការវាយលុក

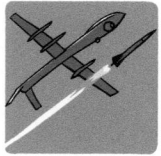

ataque
ការវាយប្រហារ

peligro
គ្រោះថ្នាក់

salida de emergencia
ច្រកចេញគ្រោះអាសន្ន

¡Fuego!
អគ្គីភ័យ!

matafuego
បំពង់ពន្លត់អគ្គិភ័យ

accidente
គ្រោះថ្នាក់

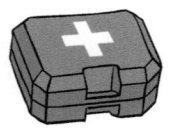

botiquín de primeros
auxilios
ឧបករណ៍ជំនួយបឋម

SOS
SOS

policía
ប៉ូលិស

Europa

អ៊ឺរ៉ុប

América del Norte

អាមរិកខាងជេ៏ង

América del Sur

អាមរិកខាងត្បូង

África

អាហ្វ្រិក

Asia

អាស៊ី

Australia

អូស្ត្រាលី

Atlántico

អាត្លង់ទិច

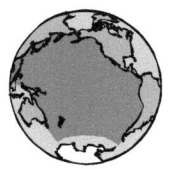

Pacífico

ប៉ាស៊ីហ្វិក

Océano Índico

មហាសមុទ្រផណ្ឌា

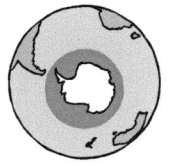

Océano Antártico

មហាសមុទ្រអង់តាកតិច

Océano Ártico

មហាសមុទ្រអាកទិច

polo norte

ប៉ូលខាងជេ៏ង

polo sur
ប៉ូលខាងត្បូង

Antártida
អង់តាក់ទិក

Tierra
ផែនដី

tierra
ដីតែពោក

mar
សមុទ្រ

isla
កោះ

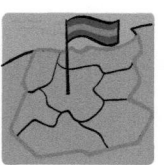

nación
បុរទេសជាតិ

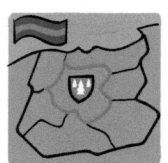

estado
រដ្ឋ

esfera

មុខនាឡិកា

manecilla de las horas

ទ្រនិចម៉ោង

minutero

ទ្រនិចនាទី

segundero

ទ្រនិចវិនាទី

¿Qué hora es?

ម៉ោងប៉ុន្មាន?

día

ថ្ងៃ

hora

ពេលវេលា

ahora

ឥឡូវនេះ

reloj digital

នាឡិកាឌីជីថល

minuto

នាទី

hora

ម៉ោង

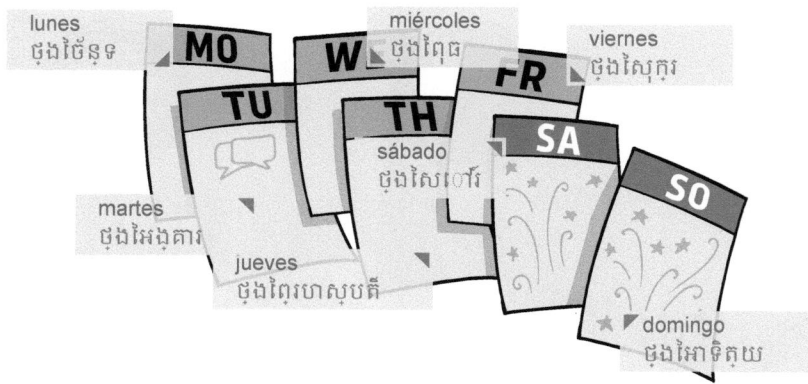

lunes
ថ្ងៃច័ន្ទ

miércoles
ថ្ងៃពុធ

viernes
ថ្ងៃសុក្រ

martes
ថ្ងៃអង្គារ

sábado
ថ្ងៃសៅរ៍

jueves
ថ្ងៃព្រហស្បតិ៍

domingo
ថ្ងៃអាទិត្យ

ayer
ម្សិលមិញ

hoy
ថ្ងៃនេះ

mañana
ថ្ងៃស្អែក

mañana
ព្រឹក

mediodía
ថ្ងៃត្រង់

tarde
ល្ងាច

días hábiles
ថ្ងៃធ្វើការ

fin de semana
ចុងសប្តាហ៍

año
ឆ្នាំ

lluvia
ទឹកភ្លៀង
arco iris
ឥន្ទធនូ
viento
ខ្យល់
nieve
ព្រិល
primavera
និទាឃរដូវ
otoño
រដូវស្លឹកឈើជ្រុះ
verano
រដូវក្តៅ
invierno
រដូវរងារ

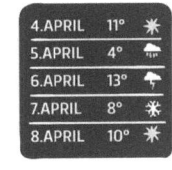

4.APRIL 11°
5.APRIL 4°
6.APRIL 13°
7.APRIL 8°
8.APRIL 10°

ronóstico meteorológico

ារព្យាករណ៍អាកាសធាតុ

F
C
120
90
60
30
0
-30
40
30
20
10
0
-10
-20

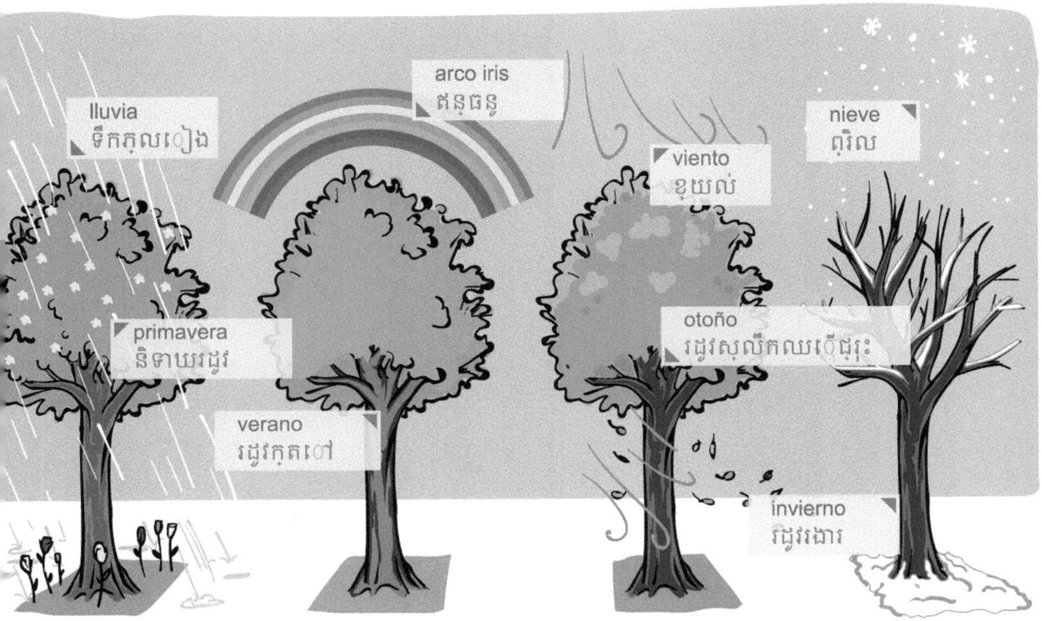

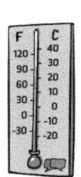

termómetro

ទែម៉ូម៉ែត្រ

luz del sol

ពន្លឺថ្ងៃ

nube

ពពក

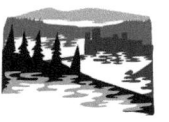

niebla

អ័ព្ទ

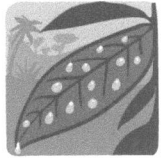

humedad

សំណើម

rayo

រន្ទះ

trueno

ផ្គរ

tormenta

ព្យុះ

granizo

ព្រិល

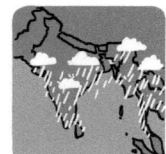

monzón

ខ្យល់មូសុង

inundación

ទឹកជំនន់

hielo

ទឹកកក

enero

ខែមករា

febrero

ខែកុម្ភៈ

marzo

ខែមីនា

abril

ខែមេសា

mayo

ខែឧសភា

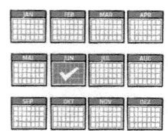

junio

ខែមិថុនា

julio

ខែកក្កដា

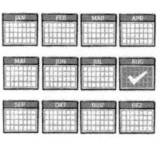

agosto

ខែសីហា

año - ឆ្នាំ

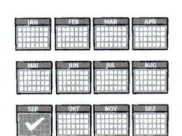

septiembre

ខែកញ្ញា

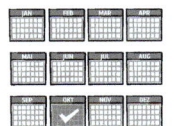

octubre

ខែតុលា

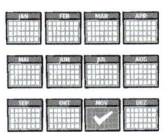

noviembre

ខែវិច្ឆិកា

diciembre

ខែធ្នូ

formas

រាង

círculo

រង្វង់

cuadrado

ការ៉េ

rectángulo

ចតុកោណកែង

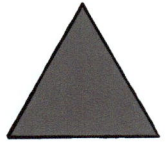

triángulo

ត្រីកោណ

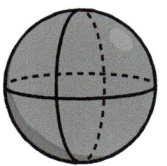

esfera

ស្វ៊ែរ

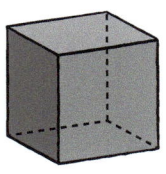

cubo

គូប

blanco

ពណ៌ស

amarillo

ពណ៌លឿង

naranja

ពណ៌ទឹកក្រូច

rosa

ពណ៌ផ្កាឈូក

rojo

ពណ៌ក្រហម

violeta

ពណ៌សុវាយ

azul

ពណ៌ខៀវ

verde

ពណ៌បៃតង

marrón

ពណ៌ទឹកក្រូច

gris

ពណ៌ប្ផេះ

negro

ពណ៌ខ្មៅ

mucho / poco

ច្រេីន / តិចតួច

enojado / tranquilo

ខឹង / គ្មានជាក់ចិត្តុត

lindo / feo

សុរស់សុអាត / អាក្រក់

principio / fin

ចាប់ផ្តេីម / បញ្ចប់

grande / chico

ធំ / តូច

claro / oscuro

ភ្លឺ / ងងឹត

hermano / hermana

បុអ្ននបុរស / បងបុអ្ននស្រី

limpio / sucio

សុអាត / កខ្វរ់ក់

completo / incompleto

ពេញលេញ / មិនពេញលេញ

día / noche

ថ្ងៃ / យប់

muerto / vivo

សុលាប់ / នៅរស់

ancho / angosto

ធំទូលាយ / តូចចង្អរៀត

comestible / no comestible

អាចបរិភោគបាន / មិនអាចបរិភោគបាន

malo / amable

ចិត្តអាក្រក់ / ចិត្តល្អ

entusiasmado / aburrido

ការរំភើប / អផ្សុក

gordo / flaco

ធាត់ / ស្គម

primero / último

ដំបូង / ចុងក្រោយ

amigo / enemigo

មិត្តភក្តិ / សត្រូវ

lleno / vacío

ពេញ / ទទេ

duro / blando

រឹង / ទន់

pesado / liviano

ធ្ងន់ / ស្រាល

hambre / sed

ភាពអត់ឃ្លាន / ការស្រេកឃ្លាន

enfermo / sano

ឈឺ / មានសុខភាពល្អ

ilegal / legal

ខុសច្បាប់ / ត្រូវច្បាប់

inteligente / estúpido

ឆ្លាតវៃ / ឆ្កួត

izquierda / derecha

ធ្វេង / ស្តាំ

cerca / lejos

ជិត / ឆ្ងាយ

nuevo / usado

ថ្មី / ហានបុរេើ

nada / algo

គ្មានអ្វីសោះ / អ្វីមួយ

viejo / joven

ចាស់ / ក្មេង

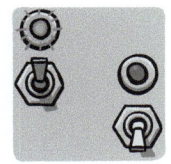

encendido / apagado

បេើក / បិទ

abierto / cerrado

បេើក / បិទ

silencioso / ruidoso

ស្ងប់ស្ងាត់ / ពុខលាំង

rico / pobre

មាន / ក្រ

correcto / incorrecto

ត្រូវ / ខុស

áspero / suave

គ្រេើម / លេោង

triste / contento

រាកចិត្ត / សបុហាយចិត្ត

corto / largo

ខ្លី / វែង

lento / rápido

យឺត / លេឿន

mojado / seco

សេើម / ស្ងួត

caliente / frío

ក្តៅ / ត្រជាក់

guerra / paz

សង្រ្គាម / សន្តិភាព

0	**1**	**2**
cero	uno	dos
សូន្យ	មួយ	ពីរ

3	**4**	**5**
tres	cuatro	cinco
បី	បួន	ប្រាំ

6	**7**	**8**
seis	siete	ocho
ប្រាំមួយ	ប្រាំពីរ	ប្រាំបី

9	**10**	**11**
nueve	diez	once
ប្រាំបួន	ដប់	ដប់មួយ

12

doce
ដប់ពីរ

13

trece
ដប់បី

14

catorce
ដប់បួន

15

quince
ដប់ប្រាំ

16

dieciséis
ដប់ប្រាំមួយ

17

diecisiete
ដប់ប្រាំពីរ

18

dieciocho
ដប់ប្រាំបី

19

diecinueve
ដប់ប្រាំបួន

20

veinte
ម្ភៃ

100

cien
រយ

1.000

mil
ពាន់

1.000.000

millón
លាន

inglés

អង់គ្លុលសេ

inglés americano

អង់គ្លុលសេអាមជិក

chino mandarín

ចិនកុកងី

hindi

ហិណ្ឌុខួ

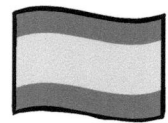

español

អេស្ប៉ាញ

francés

ហារាំង

árabe

អារ៉ាប់

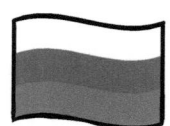

ruso

រុស្សី

portugués

ព័រទុយហ្គាល់

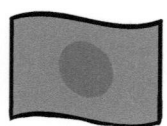

bengalí

បង់ក្លាជសៃ

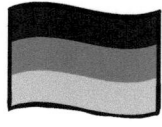

alemán

អាល្លឺម៉ង់

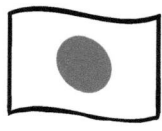

japonés

ជប៉ុន

yo

ខ្ញុំ

vos

អ្នក

él / ella

គាត់ / នាង / វា

nosotros

យើង

ustedes

អ្នក

ellos

ពួកគេហាន

¿quién?

នរណា?

¿qué?

អ្វី?

¿cómo?

របៀបណា?

¿dónde?

កន្លែងណា?

¿cuándo?

ពេលណា?

nombre

ឈ្មោះ

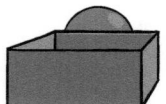

detrás

ពីក្រោយ

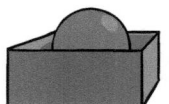

en

ក្នុង

adelante de

ពីមុខ

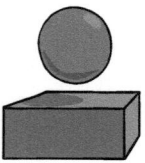

por encima de

ពីលើ

sobre

នៅលើ

debajo de

នៅក្រោម

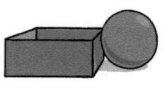

al lado de

នៅក្បែរ

entre

រវាង

lugar

កន្លែង